En ce 2 janvier 1815, le très célèbre Lord Byron, poète débauché et ruiné, épouse à Seaham Hall, dans le nord de l'Angleterre, la très sage Annabella Milbanke. Il la surnomme la « princesse des parallélogrammes », à cause de son goût pour les mathématiques, assez rare chez les riches ladies. Un an plus tard, dans le bel appartement londonien des Byron-Milbanke, une petite fille vient au monde : Ada. Dans la pièce à côté, Lord Byron, ivre d'opium et de brandy, tire au pistolet sur le peu de mobilier que les huissiers lui ont laissé. Annabella prend son bébé et va se réfugier chez ses parents. Les deux époux ne se reverront jamais.

Vingt-cinq ans plus tard, Ada Byron, épouse King et comtesse Lovelace, déjà mère de trois enfants, se lance dans l'étude des mathématiques. Elle se hisse en trois ans à un niveau suffisant pour apprécier le travail d'un inventeur génial : Charles Babbage. Celui-ci vient de mettre au point un énorme calculateur automatique. Ada se penche sur ces rouages complexes lorsqu'une intuition lui vient : et si, au lieu de ne manier que des chiffres, cet engin traitait aussi des symboles ? Elle met son intuition au propre : ce sera la fameuse « Note G », le premier programme informatique au monde.

Ni Ada ni Babbage ne sauront jamais à quel point ils ont été géniaux. Ada meurt jeune, aussi droguée et endettée que son père. Babbage s'enfonce lentement dans la solitude et l'amertume. C'est son fils Henry qui, conscient du génie de son père, fabrique certaines parties de son calculateur. Hélas, ces prototypes ne convainquent personne. Ils finissent au grenier.

En 1937, un physicien américain nommé Howard Aiken va faire un tour dans le grenier de Harvard. Il découvre un des prototypes laissés à l'abandon. Il propose à IBM de fabriquer une machine à partir de ces engrenages : Mark I. Celui-ci aura une nombreuse descendance : les ordinateurs. Tous nos ordinateurs.

En 1950, un mathématicien anglais nommé Alan Turing, celui qui a conceptualisé l'informatique et craqué le code des nazis, s'inspire des travaux d'Ada et baptise un de ses arguments scientifiques *L'objection de Lady Lovelace*.

Grace Hopper, une collègue d'Aiken, dit au sujet d'Ada : « C'est elle qui a écrit la première boucle. Je ne l'oublierai jamais. Aucun de nous ne l'oubliera jamais[1]. » En 1978, le nouveau langage informatique

1. *Grace Hopper and the Invention of the Information Age*, Kurt W. Beyer, MIT Press, 2009, p. 130. [Toutes les citations des

CATHERINE DUFOUR

Ada ou la beauté des nombres

La pionnière de l'informatique

FAYARD

ISBN : 978-2-253-10137-6 – 1re publication LGF

Nous avons tous besoin d'une permission pour faire de la science, mais, pour des raisons profondément ancrées dans notre histoire, cette permission est bien plus souvent donnée aux hommes qu'aux femmes.

Vera Rubin
in « Découvreuse de la matière noire,
l'astrophysicienne américaine Vera Rubin
est morte le 25 décembre »,
Guillaume Gendron, *Libération*,
27 décembre 2016.

ADA OU LA BEAUTÉ DES NOMBRES

Ingénieure en informatique, Catherine Dufour est une auteure et essayiste française. Elle a commencé à écrire des poèmes à l'âge de sept ans. Cinq ans plus tard, elle apprend que les poètes finissent tous trafiquants d'armes : elle jette ses poèmes et commence à écrire des nouvelles. Vingt ans et quelques prix plus tard, elle découvre Terry Pratchett, et décide de tout recommencer à zéro. Ainsi naîtra son cycle *Quand les dieux buvaient* (prix Merlin), qui l'a imposée, avec son roman de science-fiction *Le Goût de l'immortalité* (prix Bob Morane, Rosny aîné, prix du Lundi et Grand Prix de l'Imaginaire), comme une figure centrale de l'imaginaire actuel français. Elle a depuis été récompensée par le prix Masterton pour son roman *Entends la nuit* et les prix Imaginales et Bob Morane pour *Danse avec les lutins*. Elle donne des cours à Sciences-Po Paris et écrit également des chroniques pour *Le Monde diplomatique* et des essais (*L'Histoire du monde pour ceux qui n'aiment pas ça*, *Guide des métiers pour les petites filles qui ne veulent pas finir princesses*) et est l'une des fondatrices du collectif d'auteurs de science-fiction Zanzibar.

Paru au Livre de Poche :

ENTENDS LA NUIT

LE GOÛT DE L'IMMORTALITÉ

GUIDE DES MÉTIERS POUR LES PETITES FILLES QUI NE VEULENT PAS FINIR PRINCESSES

L'HISTOIRE DE FRANCE POUR CEUX QUI N'AIMENT PAS ÇA

QUAND LES DIEUX BUVAIENT

1. Blanche Neige et les lance-missiles
2. Blanche Neige contre Merlin l'enchanteur

du département de la Défense américain est nommé *Ada*. C'est le début de la reconnaissance. Ada Lovelace cesse, enfin, de n'être qu'une note de bas de page dans les biographies de son père.

Rien ne prédisposait Ada à devenir informaticienne. Issue de deux très nobles familles, c'est une vraie lady anglaise perdue dans les brumes du romantisme. Pâle, perpétuellement malade, serrée dans des robes de cour aussi coûteuses qu'inconfortables, elle vit coincée entre une mère intraitable et un mari maltraitant. Elle aurait pu dépenser sa brève existence dans des occupations compatibles avec son statut social et son époque : boire du thé, broder des nappes ou mourir des fièvres en Inde. Seul un formidable effort de transcendance l'a poussée à mettre au point sa « Note G ». Elle a imaginé l'informatique, elle l'a tirée du néant en un temps où il n'y avait pas encore la moindre trace de modernité. Toute seule avec sa plume d'oie, devant son écritoire râpée, Ada a réussi à marquer notre civilisation autant que Pasteur, Einstein ou Fleming. Elle a bricolé une lampe qui s'est levée comme un soleil sur la seconde moitié du XXe siècle et qui illumine le troisième millénaire, modifiant la forme et le devenir de toute activité humaine.

---

ouvrages non traduits ont été transposées librement en français par l'autrice.]

Avant Ada

L'un

Pour aller à la rencontre d'Ada, il faut d'abord tracer son chemin dans d'épaisses forêts généalogiques. Commençons par celui de sa grand-mère paternelle. Lady Catherine Gordon, *13th of Gight*, est une Écossaise de très haute graisse. Ses ancêtres sont des lairds, l'équivalent local du lord anglais, sur un nombre de générations qui se perd dans les brumes de l'an mil. Ils sont aussi délinquants de trisaïeul en arrière-petit-fils. Comme le dit joliment André Maurois, « il semblait qu'on eût pendu des Gordon de Gight à toutes les branches de leur arbre généalogique[1] ». Le grand-père de Catherine, craignant peut-être la corde, préféra se noyer. Son fils l'imita. Catherine fut donc élevée par une grand-mère qui lui offrit une solide éducation livresque. Regardez le

1. *Don Juan ou la Vie de Byron*, André Maurois, Grasset, 1952, p. 35.

portrait de Catherine Gordon de Gight, peint par Thomas Stewardson Way à la fin du XVIIIe siècle : ses cheveux bruns, relevés en un chignon compliqué, retombent en accroche-cœurs sur un visage poupin, coloré et souriant. Elle regarde vers nous avec une douceur que, si on s'en tient aux avis de son époux et de son fils, le peintre a rêvée. Quant au reste, elle est très dodue, même selon les canons d'une époque qui cultive les rondeurs comme signes extérieurs de richesse, au même titre que les châteaux et les chevaux. Cette jeune femme fraîche, plutôt coquette, pas très grande mais puissante en caractère, se promène au début de 1785 à Bath. C'est dans cette jolie ville d'eau située entre Londres et Bristol, dans le sud de l'Angleterre, que s'est suicidé son père. C'est aussi là qu'elle croise le capitaine John « Mad Jack » Byron, fils de l'amiral John « Météo épouvantable » Byron et neveu de Lord William « le Cruel » Byron. Voilà une filiation parlante. Hélas, elle ne dit rien à Catherine.

Mad Jack a, lui aussi, grandi à l'ombre d'un arbre généalogique touffu. Comme les Gordon de Gight, les Byron remontent à l'an mil, importés de Normandie par Guillaume le Conquérant. À la fin du XIIe siècle, un roi anglais nommé Henri, deuxième du prénom, se rend coupable devant Dieu d'un meurtre voyant : il fait assassiner un archevêque dans sa propre église, quasi sur l'autel. Pour se faire pardonner, Henri II construit en forêt de Sherwood, près de la ville de Nottingham, quelque part au cœur vert de l'Angleterre, une ravissante abbaye : Newstead. Pendant trois cents ans, des moines y plantent leurs choux avec bonhomie. Jusqu'au jour où un autre roi Henri, le huitième, décide de remplacer sa vieille épouse par une plus jeune : Anne Boleyn. Le pape lui fait remarquer que ce comportement n'est pas très chrétien. Mais Henri, s'il est bon chrétien, a un caractère de lord, voire de laird. Il flanque dehors à la fois sa vieille épouse, la papauté et tous les moines de son royaume – et la tête d'Anne Boleyn, mais ceci est une autre histoire. *Newstead abbey*, confisquée à l'Église, devient la propriété d'Henri VIII. Il l'offre à un de ses fidèles serviteurs : sir John « Petit à grande barbe » Byron. Celui-ci fait construire, à côté de la jolie abbaye assez abîmée, un château conséquent qui se défend à l'ancienne, en jetant du plomb fondu sur ses assiégeants. La lignée de ses propriétaires a une unique vertu : une fidélité adamantine à la couronne. Pour le reste, les Byron sont poissards. Courageux dans le métier des armes, ils chargent souvent à contretemps. De plus, comme la plupart des nobles, il leur manque toujours trois farthings pour faire un penny.

Mad Jack est un digne rejeton de la famille Byron : à vingt ans, il est déjà couvert de gloire militaire et de dettes. D'après une gravure assez de guingois, il a des traits fins et porte gracieusement la perruque à rouleaux et le tricorne. Il s'entiche de la marquise de Carmarthen. Cette femme a tout pour elle : la beauté (selon le peintre François-Hubert Drouais, une petite bouille de porcelaine), la naissance, le titre, un mari compréhensif, trois beaux enfants et 4 000 livres de rente. Elle plante tout là pour s'enfuir avec Mad Jack – affreux scandale. Puis elle meurt début 1784, à vingt-neuf ans, d'avoir donné naissance à une petite fille : Augusta. Or, le seul défaut de feu la ravissante marquise, c'est que sa rente était viagère – versée jusqu'au décès de la bénéficiaire. Veuf, Mad Jack va promener son chagrin à Bath. Il est beau et sans un sou, Catherine Gordon de Gight a vingt ans et 23 000 livres, à une époque où un travailleur agricole gagne 25 livres par an. Bref, elle tombe follement amoureuse, ils se marient.

Je ne sais pas comment les paniers percés de ce temps-là se débrouillent pour dépenser autant. Ils n'ont pourtant pas besoin d'acheter des châteaux, la cocaïne n'existe pas, non plus que les jets privés, et personne ne peut boire à ce point. De plus, Mad Jack ne raffole pas de la mode et n'entretient pas de femme coûteuse – c'est même tout le contraire. Restent le jeu, les chiens et les chevaux, qui semblent suffire : en trois ans, le domaine et la fortune des Gordon de Gight sont mangés. Dès 1788, il ne reste à Catherine que 4 000 livres, en partie gagées. Enceinte, elle rentre seule à Londres pour accoucher d'un garçon : John Gordon Byron, le père d'Ada.

Catherine fait face à la ruine avec courage et mauvaise humeur. Le reliquat de ses fonds, bien placés par un nommé Hanson, lui rapporte 150 livres par an ? Eh bien, elle vivra avec 150 livres par an. Pour plus d'économie, elle retourne en Écosse. Son époux, qui « n'a, à la lettre, plus un centime[1] », écrit Han-

1. André Maurois, *op. cit.*, p. 40.

son, la suit un temps. Mort d'ennui ou traqué par les créanciers, il s'enfuit en France en 1790 et échoue à Valenciennes. Son plaisant minois, à trente-cinq ans, commence-t-il à pâtir de son ivrognerie ? Il ne trouve pas de nouvelle femme à croquer. Il meurt l'année suivante (on « suspecte un suicide[1] »), littéralement sans chemise, après avoir, assure-t-il, « eu le tiers des femmes de Valenciennes[2] ». On mourrait à moins.

Le chagrin de sa veuve et de son orphelin est immense. Pour comble de malheur, le petit John, qui apprend alors à marcher, se découvre un pied bot. Coincé entre une mère aigrie, une servante pédocriminelle, May Gray, et un handicap que des médecins fous tentent de rééduquer à coups de maillet, John Gordon Byron n'a pas une enfance facile. Le jour, il apprend à lire. Le soir, il écoute sa mère vociférer en fracassant la vaisselle, ou May Gray hurler des psaumes en le rouant de coups. Puis elle se glisse dans son lit, la nuit, pour le masturber. Il en gardera des cauchemars qui le poursuivront toute sa vie. Par force, il se réfugie précocement dans la lecture. Il lit comme on se noie. Heureusement, à côté de tant de disgrâces, il possède quand même quelques atouts : il est beau comme son père, volontaire comme sa mère, et intelligent comme on ne voit pas trop qui dans son ascendance. Quand il atteint l'âge de dix ans, son grand-oncle Lord « le Cruel » Byron disparaît,

1. *Byron: Life and Legend*, Fiona MacCarthy, John Murray, 2002.
2. André Maurois, *op. cit.*, p. 43.

après avoir consacré son existence à se ruiner pour empoisonner ses descendants. Le petit John hérite du titre, et de ce qui reste de Newstead.

Le nouveau Lord Byron peut alors entrer à Harrow, une école pour lords. Là-bas, il prend déjà des poses, que personne ne qualifie encore de romantiques, en allant lire sur une sépulture. Si la petite histoire vous intéresse, et Dieu sait que celle-ci a fait couler des flots de salive, d'encre et de fiel, sachez qu'il tombe déjà amoureux avec régularité, tantôt d'une jolie cousine, tantôt d'un joli collégien. Sur ce plan-là, il est parfaitement œcuménique : il a rêvé de Mary Duff, il adore Mary Chaworth, il aura une vraie passion pour Lady Oxford, il aimera sincèrement et dans tous les sens du terme sa demi-sœur Augusta et la comtesse Teresa Guiccioli. Dans le même temps, il est amoureux de John Eddleston, un enfant de chœur, avant de devenir membre du club de sodomites de Cambridge. Il avouera plus tard, en Grèce et en Turquie, près de deux cents « pl & opt C[1] » (« *coitum plenum et optabilem* ») avec de jeunes garçons, et composera ses derniers poèmes d'amour déçu pour un beau page de quinze ans, Lukas Chalandritsanos. En fait, Byron est fondamentalement un *serial fucker*. Il écrit lui-même à Hanson, en 1819, qu'il veut consacrer ses droits d'auteur à « copuler aussi longtemps qu'il me restera un testicule[2] ». Certains biographes et commentateurs,

1. Fiona MacCarthy, *op. cit.*, p. 42.
2. *Lord Byron*, Daniel Salvatore Schiffer, Gallimard, 2015, p. 196.

cependant, affirment que Byron est prioritairement homosexuel et ne trempe dans les femmes que parce que l'opinion publique l'exige ; qu'il ne parvient à y montrer quelque consistance que si l'affaire est pimentée (Augusta est sa demi-sœur, Teresa Guiccioli est mineure, Caroline Lamb se déguise en page) ; que tant de piment pour si peu de plaisir le pousse à boire outre mesure, gâte son caractère et sera la principale raison de sa fuite loin d'Angleterre, vers des pays sexuellement plus souples. Je laisse le soin à chacun de se faire son opinion là-dessus.

Cet intéressant point éclairci, revenons du côté de Harrow, bientôt quitté pour Cambridge. Byron commence à écrire des vers, à les publier et à dépenser son futur héritage. Il prévoit d'atteindre sa majorité avec 10 000 livres de dettes. Ce sera 12 000. Il rencontre aussi, pour la première fois, sa demi-sœur Augusta, la fille de Mad Jack et de la marquise de Carmarthen. Augusta est déjà mariée à un certain colonel Leigh, le fils de Frances, sœur et maîtresse de Mad Jack, ce qui finit par former un arbre généalogique cocasse quoiqu'un peu gênant. Bien sûr, Augusta est follement amoureuse de son colonel, lequel mange l'argent de famille avec des chevaux. Le rituel est immuable. Byron trouve Augusta charmante – c'est, comparativement à sa mère, une parente sortable. Puis, devenu majeur, il rassemble des fonds qu'il n'a déjà plus – en fait, il les pioche dans le pot de chambre où son ami Scrope Davies entasse ses gains au jeu. Nanti de ce viatique, il part enfin pour le grand voyage ! Le Portugal, l'Espagne, l'Albanie, la Grèce, la Turquie – « *two years of bliss*[1] *!* » Il en revient pour enterrer sa mère avec, dans ses bagages, un flacon d'eau de rose, un de poison et *Childe Harold,* un long poème plaintif : « Je n'ai pas aimé le monde et le monde me l'a rendu. » Harold est le premier des héros byroniens : un beau jeune homme sombre, mystérieux, exilé, paria, arrogant, cynique, rebelle, tendre au fond. Notre siècle le connaît par cœur, c'est le *bad boy*. Mais, à l'époque, c'est l'œuf du jour. Le succès est immédiat et fracassant : « Je me réveillai un matin et me trouvai célèbre[2]. » Mais d'une célébrité dantesque, inégalée, et très à la *Beatles* : ces dames se jettent sur lui, à sa tête, à ses pieds, dans son lit, lui écrivent des lettres de trente pages, l'appellent le « chéri bouclé[3] », lui envoient des poils de pubis et le comparent à « un beau vase d'albâtre éclairé de l'intérieur[4] ». Cette reconnaissance, sans partage et sans nuage, il l'appellera son règne. Nous sommes en 1812 et le règne durera quatre ans. La même année, Byron fait un bref mais éclatant passage en politique : dans son *Discours devant la Chambre des lords*, il défend farouchement les ouvriers luddites, coupables d'avoir brisé les métiers à tisser qui leur volent leur gagne-pain.

1. « Deux années de béatitude ! », in *Byron*, film réalisé par Julian Farino, Londres : BBC studio, 2003.

2. « Byron and English Society », H. J. C. Grierson, in *The Background of English Literature*, Ed. Chatto and Windus, Londres, 1925, p. 167.

3. « Curl'd Darling », in Fiona MacCarthy, *op. cit.*

4. André Maurois, *op. cit.*, p. 103.

La liaison entre Augusta et son demi-frère commence en juillet 1813 ; la petite Medora vient au monde neuf mois plus tard. Le colonel Leigh endosse la paternité, mais le scandale menace. La rumeur publique, le terrible *cant* anglais qui fait alors office de Twitter, est prête à déchaîner sur les deux amants une de ces campagnes de harcèlement qui peuvent ruiner une vie. Et puis, il y a ces dettes qui s'accumulent – 25 000 livres. Et personne ne veut racheter Newstead, une ruine. Alors Byron, décidé à épouser « la première femme qui ne me donne pas l'impression de vouloir me cracher à la figure[1] », lance des hameçons vers les riches miss à marier. L'une d'entre elles mord.

L'autre

Nous voici au pied de l'arbre généalogique de la mère d'Ada. Il n'est pas aussi haut que celui de son père, mais beaucoup plus chargé de pommes d'or. Lors des siècles précédents, tandis que les lairds et les lords s'enfoncent dans la brutalité et les dettes, des hommes et des femmes issus du peuple travaillent obstinément pour s'extirper du servage auquel les nobles réduisent tout ce qui n'est pas eux. Émergeant des labours, des faubourgs, des échoppes et de la domesticité, ils et elles forment peu à peu cette

1. *Lord Byron's Correspondence,* lettre de Lord Byron à Lady Melbourne, 28 septembre 1812, John Murray, 1922, p. 88.

classe nommée bourgeoisie. Depuis deux cents ans qu'elle a pris le pouvoir, elle n'a plus bonne presse, mais, à l'époque, c'est un acte héroïque de parvenir à se bâtir une vie décente en évitant les coups de sabre des uns et les coups de goupillon des autres. Comme les ambitieux rêvent toujours de tutoyer le pouvoir qui les écrase, les descendants de ces héros obscurs cherchent à se faire anoblir. Certains réussissent : en 1611, le ticket d'entrée dans le *baronetage* est de 2 000 livres. C'est énorme à une époque où le revenu de l'État est de 500 000 livres, et la dette, de 700 000. De nos jours, ça pourrait être équivalent à 2 milliards d'euros.

Le grand-père maternel d'Ada, sir Ralph Milbanke, n'est pas de très pur lignage – un de ses arrière-arrière-arrière-arrière-grands-pères était marchand. Mais il est ouvert, tolérant, aimable et, même, aimant. Ce n'est pas non plus le couteau le plus pointu du panier, mais il sait gagner les cœurs. Cela dit, quand il s'agit de s'élever contre le commerce d'êtres humains, il peut parler avec force à la tribune. Décrit comme facétieux en son jeune temps, il tourne avec l'âge au rougeaud et au sentencieux, tout en restant un parfait gentleman avec un petit brin d'humour. Il aime faire des discours et, après tout, ses bouteilles l'écoutent volontiers. De temps en temps, il leur joue aussi du violon. Marié à trente ans, par extraordinaire, il rend sa femme heureuse, bien qu'il se soit débrouillé pour lui créer d'infinis embarras d'argent – dans la politique, cette fois. Un parent s'étonne qu'il engloutisse

15 000 livres « dans un truc inutile[1] ». Sur le plan des idées, c'est un *whig* convaincu, un libéral, l'équivalent des actuels travaillistes anglais, déjà opposés en leur temps aux inamovibles *tories,* les conservateurs. Sur son portrait peint par James Northcote, il a belle allure dans une veste rouge sommée d'un long visage couperosé, un peu mou mais sympathique sous l'absurde perruque poudrée qui lui donne soixante ans alors qu'il n'en a pas quarante.

La grand-mère maternelle d'Ada descend, elle, d'Henri II en ligne droite. L'Honorable Judith Noel manque de beauté, malgré ce qu'en dit un portrait de Thomas Lawrence où elle apparaît, entre le grand bonnet et le large fichu blancs de la fin du siècle, avec des traits parfaitement gracieux quoiqu'un peu pincés. Là où tout le monde s'accorde, c'est pour dire qu'elle n'a pas un caractère commode. Elle est très pieuse et, bien sûr, vertueuse « au sens ignoblement étroit qu'on donne à ce mot à l'époque[2] », selon les mots de Marguerite Yourcenar, « comme si la vertu pour la femme ne concernait qu'une fente du corps[3] ». La décente miss, devenue Lady Milbanke à vingt-cinq ans, trouve si aisément le reste de l'humanité débauché ou décadent qu'elle se brouille volontiers avec tout le monde, en commençant par sa belle-famille. Il faut dire que celle-ci compte dans

1. « *What will be of no use to him* », sur historyofparliament online.org.

2. *Archives du Nord*, Marguerite Yourcenar, Gallimard, 1977, p. 101.

3. *Ibid.*, p. 101.

ses rangs, entre autres désastres moraux, Lady Melbourne, soit madame de Merteuil à Mayfair, qui donne à son époux huit enfants dont sept ressemblent aux meilleurs amis de leur père. Lady Milbanke préfère se tenir à l'écart de tout cela au fond de sa province, à Seaham Hall. Intelligente, débordant de combativité, elle défend bec et ongles son avoir et son rang au prix de calculs parfois tout à fait sordides, enfin c'est une lionne. Elle soutient sans faillir son mari dans ses errances électorales et se désole de ne pas avoir d'enfants auxquels elle pourrait consacrer son énergie. À quarante ans, elle a fait une croix dessus, si bien que, quand ses règles cessent, elle pense à la ménopause. Ce sera une fille.

Seaham Hall est une grande maison blanche qui étire ses ailes au bord de la mer, sur la côte est de l'Angleterre, beaucoup plus près d'Édimbourg que de Londres. Elle montre un fronton assez prétentieux et un beau parc aéré, rempli de groseilliers qui supportent tant bien que mal les embruns. C'est là que sir Ralph Milbanke et son épouse, couple uni, vieillissant et ivre de joie accueille, en 1792, la petite Anne Isabella Milbanke, dite Annabella. Ils sont si heureux que le désagrément de ne pas avoir conçu un garçon ne les attriste qu'un court moment.

Lord et Lady Milbanke élèvent leur unique fille dans un étroit corset de religion, mais ne lui refusent rien des joies de l'esprit. Et de l'esprit, elle en a. Elle en montre même tant, et si jeune, que ses parents embauchent un ancien professeur de Cambridge, William Frend. Celui-ci applique exactement le programme universitaire : littérature, philosophie et sciences. Annabella complète le reste par des lectures et, rapidement, « excelle en tout, de la linguistique aux mathématiques[1] », dont elle se délecte particulièrement. Frend applaudit son étude d'Euclide. Elle ingurgite aussi, bien sûr, la partie féminine du programme : dessin, danse, langues (français, italien, latin, grec), et un peu de musique, qui la barbe. Le reste du temps, elle écrit des vers et se promène seule entre le ciel et la mer du Nord, parmi les groseilliers salés de Seaham Hall et sur les grandes plages blanches et glacées. C'est une enfant silencieuse, solitaire, d'apparence paisible, mais, intérieurement, c'est autre chose. Elle vit des amitiés d'enfance passionnées qu'elle relate dans son journal. Elle y raconte aussi ses rêves, s'imagine en guerrier spartiate défendant les Thermopyles au prix de sa vie, ou en médecin intrépide soignant les pestiférés lors des grandes épidémies. En fait, elle se découvre très tôt une furieuse envie d'agir, alors qu'elle appartient à une caste, un temps et un genre où toute action lui est interdite. Alors, elle se raisonne. Elle voit ses élans comme des péchés, sûrement d'orgueil, et tâche de prendre le pas sur eux. Car elle est très pieuse, et sa morale est aussi étroite que ses connaissances sont vastes.

---

1. *Lady Byron and Her Daughters*, Julia Markus, Ed. Norton, 2015, p. 20.

À dix-sept ans, Annabella est une petite femme très bien roulée avec un teint frais. D'après son portrait par George Hayter et une gravure, elle a un visage rond, de grands beaux yeux langoureux et une bouche plus petite que le nez, qui est pointu. (Notez, cependant, que l'époque adore les petites bouches en cerise sommées d'yeux gigantesques, et a tendance à en mettre partout.) Ses contemporains ne louent pas sa beauté, ils lui trouvent trop de joues. Celles-ci lui valent le surnom de *Pippin* – la pomme reinette. Intellectuellement, Annabella est parfaitement au courant de son génie et n'hésite pas à en faire état dans son cercle social. Mais personne ne prend au sérieux une jeune fille qui trouve les philosophes écossais « d'une grande utilité pratique[1] ». Elle vit toujours à Seaham Hall, où elle s'entend à merveille avec son père, qu'elle appelle familièrement *my papa*. Elle se ligue avec lui pour contrer énergiquement sa mère, qui voudrait tout régenter. Cette vie sans ostentation, qui s'écoule entre les rives rigides du culte et de la bienséance, est gaie et affectueuse. On se promène, on lit Jane Austen, on échange des plaisanteries de couvent, mille fois rebattues, sur des sujets triviaux comme les piqûres de puces, et ça convient tout à fait à Annabella – mais ça ne lui suffit plus. Voilà qui tombe à pic, puisqu'il est temps pour elle d'entrer dans le *monde*, c'est-à-dire d'aller à Londres pendant la *saison* – entendez la saison mondaine, le printemps et l'été – pour y trouver un mari.

1. André Maurois, *op. cit.*, p. 232.

Dans les salons londoniens, Annabella découvre, sûrement offusquée, une danse d'un nouveau genre, très osée : la valse. Elle observe « les quatre mille personnes qui sont debout à l'heure où les autres sont couchées[1] » et qui forment le *monde* en Angleterre. Elle constate que cette coterie manque à la fois de raison et de sensibilité. Quand quelques-uns de ces *happy few* se réunissent pour écouter un concert, elle note avec justesse qu'ils subissent la musique comme un devoir, un remède à avaler avant de pouvoir reprendre leurs cancans et leurs flirts. Elle ne manque ni d'humour, ni de méchanceté : sa cousine Lady Caroline Lamb étant tombée amoureuse de l'idole de la saison, un poète nommé Byron, elle écrit que « sa nouvelle affectation de mélancolie byronienne gâte le charme de sa stupidité coutumière[2] ». Entre deux bals, elle hante les conférences scientifiques fort sérieusement. Mais du haut de son intelligence et de sa clairvoyance, elle n'a quand même pas vingt ans, tous vécus dans une bulle de confort financier et affectif. Par conséquent, elle a le sens des réalités d'une brique. « Vous vivez sur des échasses[3] », lui écrit lady Melbourne. « Tout juste sur la pointe des pieds[4] », lui répond Annabella. Il faut dire que sa vision du mari idéal est cocasse : « principes », « devoir », « raison », « génie non

1. *Ibid.*, p. 225.
2. *Ibid.*, p. 179.
3. *In Whig Society*, Mabel, Countess of Airlie, Ed. Hodder and Stoughton, 1921, p. 161.
4. *Ibid.*, p. 163.

nécessaire mais désirable[1] », beauté pas nécessaire non plus mais surtout, de bonnes manières – on dirait la recette d'un gâteau sans gluten. Ou son père. Londres, qui observe en retour cette nouvelle venue et n'a pas l'habitude de rencontrer une femme et une grande culture dans la même pièce, dit d'elle qu'elle est pleine de contrastes. Peu à peu, les demandes en mariage arrivent, cinq ou six. Elle les refuse toutes.

Observons Annabella, un après-midi de mars 1812, assise au fond du salon pépiant de lady Melbourne. Elle est serrée dans une robe Empire assez simple, décolletée sous le nécessaire collier de perles ou de corail. Deux manches bouffent au coin de ses épaules. Elle a rassemblé ses longs cheveux roux et bouclés au sommet de son crâne rempli de questions et de réponses. Deux rouleaux dénoués (des anglaises, forcément) cachent ses tempes. Elle se montre bien silencieuse. Plante élevée au grand air, puis pressée entre deux livres, elle ne se sent pas forcément à sa place dans cette assemblée, parmi des mondaines affûtées comme la volubile Lady Jersey ou l'évaporée Lady Caroline Lamb. Alors, elle cache sa différence derrière une apparence grave, voire imperturbable – « pâle et froide[2] », « froide et impassible[3] », « froide impassibilité[4] », « ferme

1. *Ibid.*, p. 160.

2. *Les Dernières Années de Lord Byron*, Louise comtesse d'Haussonville, Ed. M. Lévy frères, 1873, p. 25 et 28.

3. *Ibid.*, p. 25 et 28.

4. *Ibid.*, p. 25 et 28.

comme un roc[1] », « air placide[2] », « pâle comme la cendre et calme comme la mort[3] », tout le monde est d'accord là-dessus. La duchesse de Devonshire – cette belle âme – conclut : « C'est un glaçon[4]. » Cependant, si quelqu'un lance un sujet et demande son avis à Annabella, elle le donne volontiers, à la façon tranchante des timides. Ce que voient ses interlocuteurs et interlocutrices, c'est une jeune femme dédaigneuse qui pose à la donneuse de leçons. En langage moderne, sur le plan des interactions personnelles, elle rencontre assez exactement la définition d'intello, voire de boloss.

C'est alors que Byron entre dans la pièce.

L'un et l'autre

Annabella et Byron ont un mépris jumeau pour les salons, leurs hôtes légers et leurs plaisirs vains. La grande question qui se pose, bien sûr, est : mais qu'allaient-ils faire dans cette galère s'ils n'aimaient pas ça ? La réponse est simple : chez les riches, la socialisation endogame n'est pas en option. Se voir, se revoir, mélanger les loisirs, les intérêts, les

1. *Recollections of a Long Life*, vol. I, John Cab Hobhouse, Ed. John Murray, p. 323.

2. *Letters and Journals*, Lord Byron, vol. II, Ed. Rowland E. Prothero, 1898-1901, p. 22.

3. *Augusta Leigh: Byron's Half-Sister*, Michael et Melissa Bakewell, Chatto and Windus, 2000, p. 194.

4. *Letters and Journals*, Lord Byron, vol. II, *op. cit.*, p. 120.

sangs, les biens et en exclure le reste de l'humanité, est la condition *sine qua non* pour appartenir à la bonne société. C'est un lobbying à vie. Fréquenter d'autres gens, c'est se commettre, déchoir, devenir un « déclassé[1] ». Alors le *monde* vous tourne le dos, pour ne plus vous montrer que sa « froide épaule » – *cold shoulder,* une expression parlante. Ça n'a sûrement pas changé[2].

Le premier jour, chez Lady Melbourne, Annabella n'adresse pas la parole à Byron. Trop de femmes, autour de lui, « lui font une cour absurde[3] ». Mais elle le croise à nouveau, un peu plus tard, et le découvre aussi mal à l'aise qu'elle. Rassurée, elle essaye de le faire parler. Une amitié se noue. Byron lit ses poèmes à elle et les juge étonnamment bons. Annabella, de son côté, lit ses poèmes à lui et y déniche des « principes chrétiens[4] ». Elle y trouve aussi autre chose : « La façon dont il décrit l'amour me rend amoureuse[5]. » Alors, elle se met en tête de le sauver. Entendez : sauver son âme, le ramener à ses pieux devoirs. C'est une façon, pour elle, de s'autoriser à penser à lui. Lui la trouve parfaite et, même, un peu trop parfaite. Moqueur devant un goût pour

1. La haute société anglaise du XIXe siècle raffole des expressions françaises comme « le bon ton », « air dégagé », « fille de joie », « ménage à trois », « risqué », « outré », « nostalgie de la boue » et « nouveau riche ».

2. Vous pouvez aller le constater sur thelondonseason.org, © 2001-2018 The London Season.

3. André Maurois, *op. cit.*, p. 175.

4. Mabel, Countess of Airlie, *op. cit.*, p. 140.

5. *Ibid.*, p. 162.

les sciences exactes qu'il ne partage pas, il la surnomme la « princesse des parallélogrammes ». Mais à la réflexion, puisqu'il lui faut trouver une riche lady, celle-ci lui semble commode : « assez belle pour être aimée de son mari, pas assez pour attirer des rivaux[1] ». Afin de l'appâter, il a ce mot splendidement flou : « Je crois certainement en Dieu[2]. » Voilà qui promet de délicieuses discussions théologiques entre eux, le soir au coin du feu. Annabella décrit Byron à sa mère avec lucidité : « C'est un homme très mauvais, très bon[3]. » Et pourtant, elle est en confiance : « Avec vous, et avec vous seulement, lui écrit-elle, je me sens chez moi[4]. » Souffrant d'isolement comme tous les surdoués, elle retrouve en Byron sa solitude. La misogynie de Byron ne la travaille pas une seconde. Des femmes, il a pourtant une opinion arrêtée : « Donnez à une femme un miroir, quelques bonbons, et elle sera contente[5]. » Mais Annabella croit, parce qu'il le lui dit, qu'avec elle ce n'est pas pareil. Cette innocente ignore encore le fameux proverbe : « N'en doute pas : avec toi, un jour, ce sera pareil. »

Byron se décide : il la demande en mariage. Elle refuse. C'est une manie, chez elle. Ils correspondent

1. *Lord's Byron Correspondance*, vol. I, *op. cit.*, p. 71.

2. *The Life of Lady Byron*, Ethel Colburn Mayne, Ed. Constable & Cie, 1929, p. 102.

3. « She Walked in Beauty », Charlotte Gordon, *Wall Street Journal*, 7 novembre 2015.

4. Ethel Colburn Mayne, *op. cit.*, p. 58.

5. *Conversations de Lord Byron,* Thomas Medwin, Pillet, 1825, p 116.

pendant deux ans, le temps pour elle de se monter la tête à distance. Puis il réitère sa demande : elle accepte. Byron a-t-il fait là un mauvais calcul ? On ne peut pas dire qu'Annabella ait le sac. Lord et Lady Milbanke ne sont pas entièrement ruinés, mais ils n'ont pas du tout les moyens d'éponger la dette colossale de leur beau-fils. Il leur reste tout de même de quoi doter honnêtement leur fille : 1 000 livres de rente annuelle, dont 700 pour Byron et 300 pour Annabella, « comme argent de poche[1] ». La beauté de la chose, c'est que Byron obtient que cette rente soit viagère, *à vie*. Avec ou sans Annabella, Byron a désormais de quoi subsister pour le restant de ses jours, et grassement. Peut-être pas avec une famille à charge en Angleterre, mais en célibataire dans un pays moins coûteux, certainement. Une fois le contrat signé, il ne reste plus aux deux jeunes gens qu'à échanger les anneaux. Le fiancé se montre « de plus en plus moins pressé[2] », comme le note joliment son BFF, John Cab Hobhouse. Mais cela se fait enfin, le lendemain du Jour de l'an 1815, dans le salon de Seaham Hall. Lui tremble ; elle, bien sûr, se montre impassible – et froide, parions-le. Il la dépucelle sur le sofa, juste avant le dîner. Les voici tous deux partis pour leur lune de miel, vite rebaptisée lune de mélasse.

Nous ne disputerons pas ici de la nécessité de, ou de ne pas séparer l'homme de l'artiste, ou encore l'ar-

1. André Maurois, *op. cit.*, p. 240.
2. John Cab Hobhouse, *op. cit.*, p. 191-197.

tiste de l'œuvre ou l'œuvre de l'époque. Un volume n'y suffirait pas. En tant que poète, Byron est aussi grand que ses lecteurs et lectrices le veulent. Il a été adoré, encensé, déifié. Il l'est encore, comme en témoigne une récente biographie[1] où il est décrit comme « un mélange de force et de douceur ; de virilité et de tendresse ; d'orgueil et de générosité », emballé dans « une allure hautaine et racée de dandy », et se voit qualifié d'« immense et inventif écrivain, doublé d'un prodigieux conteur », voire de « Che Guevara du XIXe siècle ». Mais, en tant qu'être humain, Byron est homme, titré, célèbre et fortuné, ce qui lui donne toute licence pour se comporter comme un parfait connard. Il n'a pas la grandeur nécessaire pour se hausser au-dessus de cette contingence. Dès les premières minutes du voyage de noces, il est odieux avec Annabella. Il gémit contre l'institution du mariage, comme auparavant il geignait contre les salons londoniens. Il lance des menaces délirantes, telles que : « J'étranglerai notre enfant[2]. » Il raconte d'autres choses beaucoup plus concrètes : avant la fin de la semaine, Annabella a compris la liaison qui existe entre son mari et la demi-sœur de celui-ci. Byron agit-il ainsi pour se venger du fait que son épouse a refusé sa première demande en mariage ? Il le lui assure en ricanant, bien sûr. Il lui affirme même qu'il ne l'a épousée que pour prendre sa revanche.

1. *Lord Byron,* Daniel Salvatore Schiffer, Gallimard, 2015, p. 22, 38, 203 et 241.
2. André Maurois, *op. cit.*, p. 255.

Voire. Il semble que ce choix revanchard soit aussi le seul qu'il ait eu. Les candidates ne se sont pas bousculées pour épouser cet homme perclus de dettes, et dont le seul bien est un château qui ne se vend pas. Dans le *monde*, la pauvreté est une tache que rien ne lave, ni le titre, ni le génie, ni la célébrité et ni, évidemment, la beauté. Les dames de la *gentry* veulent bien coucher avec Byron, pas l'épouser.

Le retour à Londres ne se passe pas mieux : tandis qu'Annabella tente de s'inventer une vie conjugale en mettant au net les poèmes de son mari – c'est ce que doit faire une bonne épouse –, il sort avec des actrices, et aussi, sûrement, avec des acteurs. Il y a pire : il boit, se bourre d'opium et sombre dans la paranoïa. Il se promène la nuit dans les couloirs de la maison en brandissant des pistolets chargés, et dort avec. Armé, défoncé, il fait vraiment peur à Annabella. Et ce n'est pas une frousse purement rhétorique : de temps en temps, ivre mort, il se jette sur elle et la sodomise. Mais enfin, elle est mariée, et bientôt enceinte. Alors elle reste dans leur bel appartement du 13, Piccadilly Terrace, peu à peu vidé par les huissiers. Elle subit, serre les dents. Sa seule échappatoire mentale est de se dire que son mari devient fou et qu'il est, par conséquent, plus à plaindre qu'à blâmer. Mais elle n'est pas seulement terrorisée, violentée et violée ; elle est déçue d'absolument toutes les manières. Quand il n'est pas dans un état second, le bel ange déchu qu'elle a voulu sauver des flammes de l'enfer se ronge les ongles, se plaint des dents, admire ses oreilles, a des superstitions de grand-père, porte des papillotes en papier dans les cheveux, ne parle que de lui et fait régime sur régime pour garder la ligne. Ce n'est plus un principe de réalité, c'est toute une muraille de déconfiture qui est tombée sur la tête idéaliste d'Annabella. Elle ne s'en remettra pas.

On dit que, juste avant l'accouchement, Byron s'installe dans la chambre au-dessous de celle d'Annabella et fracasse des bouteilles de soda vides contre le plafond, pour l'empêcher de dormir, ou bien qu'il tire à balles réelles sur lesdites bouteilles pendant l'accouchement même, pour couvrir les plaintes. Ou encore qu'il annonce à sa femme, quelques heures après l'accouchement, qu'elle vient de perdre sa mère – *fake news* ! C'était pour rire, poisson de décembre, *lol*. Que ce soit l'un, l'autre ou les trois, ça pose l'ambiance. Le 10 décembre 1815, une petite fille naît à Piccadilly Terrace : Augusta Ada Byron. D'après Hobhouse, le prénom Ada vient d'« une femme de la famille Byron du temps du roi John[1] », Jean sans Terre, donc des alentours de 1200. Et Augusta vient de toutes les raisons citées plus haut.

L'un sans l'autre

Le 6 janvier suivant, Byron, qui désespère probablement de se faire comprendre par ses seuls actes, demande enfin franchement à Annabella de retour-

1. *Recollections of a Long Life*, vol. I, John Cab Hobhouse, Ed. John Murray, p. 324.

ner chez ses parents. Elle saute dans sa valise. Dès son arrivée au bercail, ivre de chagrin et de rage, elle raconte tout. C'est là que se place ce cri, probablement apocryphe : « He did *what*[1] ? » Père et mère sont indignés, le premier plus encore que la seconde. Pour toute la famille Milbanke, Byron est fou. Il faut qu'il se soigne. Mais, quand on envoie des médecins aux nouvelles, on apprend que Byron s'est remis, vite et bien. Annabella tire sa conclusion : avec ce qu'il lui a fait subir pendant un an, s'il n'est pas fou, il est impardonnable. Elle prend une décision et s'y tiendra sans faillir : elle demande la séparation. Byron, qui ne s'attend pas à une telle détermination, se montre « stupéfait et atterré[2] ». Bien sûr, il bondit sur sa plume pour accuser la mère d'Annabella de la situation. Et c'est là qu'il fait un mauvais calcul. Car, le voyant renâcler, Annabella rédige un rapport (secret) numérotant soigneusement les charges qu'elle a contre lui : sodomie (sur elle), inceste (avec sa demi-sœur) et adultère (avec des hommes, complète obligeamment Lady Caroline Lamb qui passait par là). Devant la menace d'un procès public, Byron cède : la séparation est actée. Mais le rapport ne reste pas secret longtemps. On en fait des plaisanteries jusque dans les journaux. Pour Annabella, c'est l'horreur. Elle sait ce qu'on pense d'elle, désormais, dès qu'elle entre dans un

1. « Il a fait *quoi ?* », *Byron*, film réalisé par Julian Farino, BBC Studios, 2003.
2. André Maurois, *op. cit.*, p. 279.

salon : « Voilà l'enculée. » Celles et ceux qui ont lu Jane Austen (laquelle écrit *Persuasion* exactement à ce moment-là) connaissent l'ambiance de l'époque et peuvent mesurer l'ampleur de sa honte. Pour Byron, c'est la mort sociale. Le chéri bouclé est devenu un mouton noir. Certes, le *monde* lui tourne le dos, notamment à un bal chez Lady Jersey, où toute l'assemblée lui montre la froide épaule. Mais le vrai danger est ailleurs. Byron entend des insultes dans la rue. La foule est tout à fait capable de se jeter sur lui et de le clouer au pilori pour le couvrir de merde, au sens propre. C'est le sort habituellement réservé aux sodomites. Il doit fuir. Il prend quand même le temps de saluer sa sœur et d'accuser Annabella de tous ses malheurs : « Je viens de quitter Augusta, la dernière personne que vous m'ayez laissé à quitter[1]. » Enfin il part, abandonnant son écureuil apprivoisé à ses créanciers. Car il existe une autre bonne raison à sa fuite : il a tant les huissiers aux chausses que l'un d'eux dort carrément chez lui. C'est un mouvement naturel, chez l'Anglais tricard, d'aller vivre « sur le continent[2] » plutôt que de mourir dans une geôle de son pays. Beau Brummel le suit trois semaines plus tard après avoir essayé, en vain, de taper lui aussi dans le pot de chambre de Scrope Davies. En 1818, ce sera Scrope Davies lui-même et tant d'autres, jusqu'à Oscar Wilde.

---

1. *Astarté*, Ralph Milbanke, Ed. Christophers, 1921, p. 39.
2. *Byron: Interviews and Recollections*, Norman Page, Ed. MacMillan, 1985, p. 42.

Grâce à la rente que lui versent et lui verseront toute sa vie les Milbanke, Byron entame une longue errance. Par une coïncidence merveilleuse, il adore voyager quand il a de quoi louer des palais. Il commence par visiter Waterloo, puis loge à la somptueuse villa Diodati, en Suisse, où il regarde Mary Shelley inventer *Frankenstein,* Percy Shelley mijoter *Ozymandias*[1] et son médecin Polidori rédiger *The Vampyre,* un récit d'un genre nouveau, appelé à une nombreuse descendance. Dans cette ambiance studieuse, Byron rêve de *Manfred*, un autre héros beau, jeune, sombre, mystérieux, exilé, paria, etc. – et amoureux de sa sœur. Il fait aussi, avec une gamine nommée Claire Clairmont, une troisième fille, Allegra, qui ne vivra guère. Ensuite, il découvre Venise et la très jeune Teresa Guiccioli, dont il porte l'éventail avec grâce tout en écrivant *Don Juan,* son œuvre la plus drôle et certainement la plus accomplie. Il arrive enfin en Grèce, alors en pleine guerre contre les Turcs. Il affrète une flotte, lève une armée et, toujours romantique, commande des casques homériques à cimier. Il meurt en 1824 avant d'avoir pu combattre, saigné à blanc par son médecin, en invoquant sa petite fille qu'il n'a pas revue depuis janvier 1816 : « *Dear Ada*[2] *!* » Et c'est

1. Savez-vous que le nom Ozymandias est une mauvaise traduction, une traduction pré-Champollion de *User-maat-re*, c'est-à-dire Ramsès II ? Voir *1177 avant J.-C. Le jour où la civilisation s'est effondrée*, Eric H. Cline, Princeton University Press, 2014.

2. Thomas Medwin, *op. cit.*, p 283.

ainsi que John Gordon, *6th Baron Byron*, sort de la vie d'Ada. Mettre Ada en lumière, c'est aussi la tirer de l'ombre immense de son père.

Ada au nid

Les premiers mois d'Ada (son premier prénom, vous vous en doutez, passe instantanément à la trappe) sont bercés par la rumeur méphitique qui accompagne le départ de son père. À qui profite-t-elle, cette rumeur ? À une seule personne, et d'une seule façon : elle permet à Annabella de s'assurer la garde exclusive d'Ada. Car, selon les usages du temps, un père a tout pouvoir sur ses enfants. S'il prend la fantaisie à Byron de réclamer sa fille, Annabella ne pourra que s'incliner et la lui remettre – sauf si le monde entier le tient pour un monstre. Voilà qui est fait. Annabella lui a ôté son autorité parentale « comme on ôte un couteau des mains d'un enfant[1] ».

Cela dit, le dossier d'Annabella contre son mari n'est guère solide. La sodomie conjugale ne repose que sur sa seule parole, à elle, qui ne vaut juridiquement *rien*. Et tout le reste la concernant – violences psychologiques et physiques, viols – ne vaut pas davantage.

1. Michael et Melissa Bakewell, *op. cit.*, p. 245.

Annabella ne doit pas non plus détenir de preuve en ce qui concerne l'homosexualité. Il faut donc faire avouer l'inceste à Augusta. Or, celle-ci ne se comporte ni comme un monstre de perversité, ni comme une pécheresse accablée. En femme de ressource, elle a su se faire une place à la cour. Elle y détient une charge qu'elle remplit ponctuellement et qui lui garantit, en retour, un logement au palais Saint James et un revenu. Comme nous dirions aujourd'hui : elle est autonome. Par conséquent, elle a le teint frais, l'humeur alerte, et se soucie davantage de la mode qui court à *St. James's Palace* (« gazes et satins[1] ») que des angoisses d'autrui. C'est d'ailleurs pour cela que Byron l'aime tant : elle s'en fiche. Quand Byron a ses humeurs, elle les attribue à des problèmes de digestion, le traite de grognon (*grumpy*) et le gave de magnésie. Puis elle le renvoie à ses chers poèmes (qu'elle ne lit pas) et retourne à ses propres affaires, estimant sans doute qu'elle a assez d'enfants à gérer comme ça (sept en tout). À cette femme d'admirable composition, Annabella s'acharne à inculquer un peu de culpabilité sous prétexte de sauver son âme. Elle lui écrit des flots de lettres pour lui démontrer la noirceur de son péché et la profondeur de l'enfer auquel elle est promise. Augusta se laisse confesser par écrit, mais à mots plus ou moins couverts. Jusqu'au bout, jusqu'à l'ultime rencontre de Reigate en 1851, elle restera fumeuse. Et peu importe : Byron ne réclamera jamais la garde d'Ada.

1. Ralp Milbanke, *op. cit.*, p. 238.

Ada est l'enfant d'une déception, c'est le moins qu'on puisse dire. C'est même l'enfant du viol. La relation mère-fille s'annonce donc d'emblée difficile. Dès ses couches, Annabella en a conscience. Mais elle s'accroche de tous ses ongles à son intellect pour ne pas sombrer, pour que son rôle maternel ne soit pas le jouet de sa souffrance de femme maltraitée. Elle y trouve la force d'être une mère quand même. Ni très aimante, ni très aimée, mais présente. Hélas, on ne se débarrasse pas par la simple volonté de la force agissante des traumatismes. Celle-ci sera simplement, comme toujours chez Annabella, bien emballée dans beaucoup de « sérieux » et de « devoir ». Annabella vaticine sur ses principes pédagogiques de la même façon qu'elle s'était choisi un mari : du haut d'échasses. Elle ne parle de l'éducation d'Ada qu'en termes de domination. Cela dit, les fêlures d'Annabella ne sont pas seules en cause dans les mauvais traitements que subit Ada enfant. L'époque y pourvoit aussi, et abondamment.

Parlons donc un peu de « pédagogie noire », puisqu'il s'agit de ça. Harriet Martineau, une amie d'Annabella, en résume très bien le principe : « tendresse et gaîté étaient alors considérées comme nocives pour les enfants[1]. » La pédagogie noire se fonde sur deux axiomes : « si ça fait mal, c'est pour ton bien » et « si ça te fait du bien, c'est mal ». De plus en plus courue à mesure que le puritanisme du

1. *Autobiography*, Harriet Martineau, Ed. Smith Elder, 1877, vol. I, p. 11.

XIXe siècle se répand, la pédagogie noire est formalisée par Moritz Schreber, un contemporain d'Ada, avant d'accéder à la célébrité grâce aux *Malheurs de Sophie* de la comtesse de Ségur et d'être finalement conceptualisée par la pédagogue Katharina Rutschky en 1977[1]. Elle diffère de la simple maltraitance du fait qu'elle s'avance masquée derrière un large éventail de bonnes intentions. Ainsi, les outils de bondage infantile fabriqués par Schreber ont pour but avoué d'éviter aux enfants de développer une scoliose. C'est cette inventivité, cette manie du détail, aussi, qui signent la pédagogie noire. Ses adeptes font preuve d'une patience, d'une minutie et, pour tout dire, d'une attention aux moindres faits et gestes de l'enfant qui trahissent... beaucoup de choses, toutes malsaines. Je ne sais pas ce que ressent Annabella lorsqu'elle oblige Ada, cinq ans à l'époque, à demeurer allongée sur un banc sans bouger. Comme c'est mission impossible pour un marmot de cet âge, Ada bouge, au moins ses petits doigts. Alors, Annabella les ensache dans des étuis, puis elle enferme la gamine elle-même dans un cabinet noir. J'imagine que, dans ces moments-là, Annabella éprouve une puissante vague de satisfaction qu'elle s'empresse d'attribuer à la conscience du devoir bien rempli, les termes « jouissance sadique » n'ayant pas encore été inventés. Les enfants de Schreber sombreront dans la folie.

---

1. *Schwarze Pädagogik. Quellen zur Naturgeschichte der bürgerlichen Erziehung*. Katharina Rutschky, première parution. Francfort-sur-le-Main, 1977.

Ada n'en sera pas loin. Et l'informaticien Jean-Paul Soyer de conclure, dans sa biographie d'Ada : « Cette éducation donnait des adultes peu équilibrés[1]. »

Annabella n'est pas qu'une femme fracassée devenue une mère maltraitante. Elle rend à sa fille le service que lui ont rendu ses parents : ayant discerné en elle des dons intellectuels, elle la gave très tôt de savoir. Le programme est chargé : dès cinq ans, calcul, grammaire et orthographe, puis lecture, musique, géographie, français, rien ne manque – hors la poésie. Ada, peinte par Frank Stone à cet âge-là, apparaît comme une petite fille au cou fragile, avec de grands yeux noirs et tristes. Elle pose à sa mère la question qui fâche : pourquoi les autres petites filles ont-elles un papa et pas elle ? Annabella la rembarre si violemment qu'Ada en conservera le souvenir réfrigérant d'une rupture définitive entre elle et sa mère. À ce sujet près, Ada a licence de s'instruire autant qu'elle veut, et elle veut tout. De plus, elle a le temps de s'y consacrer puisqu'elle est, dès ses huit ans, assez souvent au lit.

Les dames du XIXe sont volontiers malades. D'abord, la maladie constitue la seule excuse valable pour échapper aux corvées attribuées aux femmes. Et, dans une existence où on n'a le droit de rien choisir, tout est corvée et n'engage guère à sortir de son lit. Ensuite, le refoulement féroce et précoce de chaque désir est une excellente façon de somatiser par tous

1. *Ada de Lovelace et la Programmation informatique,* Jean-Paul Soyer, Ed. du Sorbier, 1998.

les bouts. Là-dessus, la société pousse à la roue : la maladie est un outil de contrôle. C'est un bon prétexte pour enfermer. Dans la *Physiologie du mariage*, Balzac explique en détail, et avec un parfait cynisme, comment détruire la santé des femmes pour mieux les tenir, en les empêchant de bouger et en les nourrissant mal[1]. Comme l'explique Mona Chollet, « au XIXe siècle dans la bourgeoisie, on traitait les femmes en invalides chroniques, leur enjoignant sans cesse de rester alitées, jusqu'à les rendre folles d'ennui[2] ». (Virginia Woolf *like this*.) Jean-Paul Soyer renchérit : les femmes de l'aristocratie sont « contraintes à l'oisiveté[3] » et y laissent leur santé. Enfin, même la statue dans la cour ne supporterait pas le régime imposé par la médecine du temps. Au quotidien, celle-ci se défie à la fois de l'eau (aussi bien à boire qu'à laver), du soleil, des fruits, des légumes et de l'activité physique. Relisez cette phrase, et imaginez les conséquences sur un organisme en pleine croissance. La vie d'Ada ne sera qu'une immense carence affligée d'une interminable gastrite. La gastrite et le reste sont traités par des poisons divers (les médications de l'époque sont chargées de métaux lourds) et des saignées. Annabella raffole des saignées, en accable sa fille et se fait elle-même saigner de toutes les façons : lancette, ventouses de verre appliquées

---

1. *Physiologie du mariage,* Honoré de Balzac, Levavasseur, 1829.
2. *Sorcières,* Mona Chollet, Zones, 2018.
3. Jean-Paul Soyer, *op. cit.*

sur des scarifications, sangsues, avec une préférence pour ces dernières. Elle se les applique le plus souvent à l'endroit précis d'où sont censés provenir tous les troubles féminins.

Afin de chasser cette image, revenons à Ada. Dès ses huit ans, en 1824 – l'année où son père meurt –, elle est accablée de migraines. Sa santé s'améliore quand sa mère l'emmène faire, pendant un ou deux ans, un grand tour d'Europe. À douze ans, Ada semble en forme : elle se passionne pour la mécanique, essaye de construire des ailes articulées, dissèque des corbeaux morts, rédige un « livre de *Flyology*[1] » et rêve d'avions à vapeur. Elle lit tout ce qu'on lui met sous la main avec voracité. « Elle a appris toute seule une partie de la *Géométrie* de Paisley, qu'elle a particulièrement aimée[2] », raconte fièrement Annabella. Pour ses treize ans, sa santé se dégrade à nouveau : rougeole. Elle reste sur le flanc pendant deux ans – encéphalopathie, *a priori*. La diète sévère et l'immobilité complète auxquelles on la contraint ne l'aident pas à se rétablir rapidement. De ce moment, Ada devient valétudinaire. Outre la gastrite, elle souffrira toute sa vie d'asthme, de troubles de l'équilibre et de dépression, avec des crises d'angoisse – des sensations de mort imminente, notamment, qu'elle

1. *Ada Lovelace, the Making of a Computer Scientist,* Christopher Hollings, Ursula Martin & Adrian Rice, Bodleian Library, 2018, p. 21.
2. *Ada's Algorithm,* James Essinger, Ed. Gibson Square, 2013, p. 67.

compare à des crises cardiaques. Aux saignées et aux potions s'ajoutent alors des prescriptions d'alcool, d'opium et, enfin, de morphine. Rien d'étonnant dans ces ordonnances, et certainement pas l'opium, vendu dilué dans du vin sous le nom de laudanum. Tout le monde en prend. La consommation ne fera que croître en Angleterre pendant le XIXe siècle, dans toutes les classes et à absolument tous les âges – le fameux sirop pédiatrique *L'Ami de maman*[1] prescrit cinq gouttes pour les nourrissons de cinq jours, vingt-cinq gouttes dès cinq ans. Si vous vous demandiez comment les Anglaises et les Anglais réussissent à traverser ce long tunnel d'oppression qu'est l'ère victorienne, maintenant, vous savez : toute la population est droguée jusqu'aux yeux. Ada, elle, trouve que l'opium la rend délicieusement philosophe, et la soulage de toutes ses envies, ainsi que de toutes ses angoisses. Elle cerne en peu de mots son problème, l'inaction et l'absence de perspectives imposées par un contrôle social dément. Fatalement, à tous ses ennuis de santé s'ajoutent bientôt les effets débilitants de la drogue, puis les symptômes du manque. L'ensemble du tableau clinique a, bien sûr, fait l'objet de diagnostics compliqués et incertains. On a parlé d'une porphyrie héréditaire, tombée du haut d'une ascendance royale fantasmatique. Il me fait surtout penser à une somatisation de mammouth : la fameuse hys-

1. « Victorian Opium Eating: Responses to Opiate Use in Nineteenth-Century England », Victoria Berridge, *Victorian Studies*, 21(4) 1978, p. 437-461.

térie, qui accable tant de ces femmes sous contrainte au XIXe siècle, et dont Charcot puis Freud font leurs délices. Pour ces hommes-là, tout vient de l'utérus. Et je ne résiste pas à l'envie de parler de la ravissante étude menée par la biographe moderne Dorothy Stein dans l'appendice de sa biographie d'Ada, *Ada Byron : la comète et le génie*[1] (traduction étrange de *Ada Byron, a Life and a Legacy,* publiée en 1985) sur « la théorie de l'utérus migrateur », alors en vogue. Dit aussi « utérus sauteur », cet organe facétieux est réputé « doué d'une vie propre ». Bondissant d'un bord à l'autre de la cage thoracique, il y crée toutes sortes de désordres : engorgement des poumons, crise de foie, mal de dos, il piétine tout sur son passage. Il lui arrive même de remonter plus haut, embarrassant la gorge ou les yeux. Il importe donc de le remettre en place, soit en faisant du cheval (qu'allez-vous supposer là ? Simplement, le mouvement du cheval est réputé faire retomber l'utérus dans son emplacement naturel), soit en l'attirant vers une extrémité grâce à de bonnes odeurs, et en le repoussant de l'autre extrémité à l'aide de mauvaises. Maintenant que vous avez visualisé toutes ces ladies, un bouquet de violettes dans la cramouille, en train de sucer des crottes de lapin, notez que tout ceci est rigoureusement *sic*, et reprenons notre route au côté d'Ada.

Fin 1832, Ada est à peu près rétablie. Elle va avoir seize ans. D'après un familier, c'est une jeune

1. *Ada Byron, la comète et le génie,* Dorothy Stein, trad. Maurice Gabail, Seghers, 1990, p. 341-342.

fille dépourvue de santé, dodue, un peu empotée et d'abord agréable. Elle se montre timide en société, mais, derrière la façade, elle est extrêmement volontaire – le portrait croisé de ses deux parents. Hobhouse, le BFF de Byron, est moins aimable : il la trouve très vilaine. Un an plus tard, Ada est sur le point d'avoir dix-sept ans, et donc d'entrer dans le *monde* à l'occasion de sa première *saison*. Elle écrit à sa mère qu'elle n'en peut plus. Certes, elle ne subit plus les sacs à doigts, mais le contrôle se fait d'une autre façon : sa mère se moque d'elle, la déprécie, se gausse de ses aspirations et de chacun de ses faits et gestes, comme c'est l'usage pour empêcher les adolescents de devenir autonomes. Ada veut partir vivre à Londres, seule. Vous imaginez la réponse d'Annabella. Alors Ada prend un amant, le seul dont elle dispose : son précepteur, un gentil petit jeune homme. Avec lui, elle découvre les plaisirs de la vie – hors la pénétration complète. Elle s'enfuit même chez lui. Terrifié, il la renvoie par retour de courrier. L'histoire est étouffée. Annabella attribue cette tentative d'évasion à l'hérédité paternelle et Ada, dûment chapitrée, entre enfin dans le *monde*. Elle y trouve bien mieux que l'obligatoire époux : une mère et un père par l'esprit, et même un grand frère d'élection, entre mille autres merveilles, sans oublier un oiseau rare, hélas rongé par la pollution. Il s'agit des mathématicien-nes Somerville, Babbage, Morgan et du physicien Faraday.

Des mathématicien-nes comme s'il en pleuvait

Avant même ses vingt ans, Ada rencontre trois mathématicien-nes d'importance : Somerville, à qui elle pose une foule de questions ; Morgan, à qui elle pose les questions restantes ; et enfin Babbage, à qui elle apporte quelques réponses. Voyons d'un peu plus près comment on peut être mathématicien-ne dans la première moitié du XIXe siècle.

Somerville, qui deviendra une des principales professeures de mathématiques d'Ada, est de la génération d'Annabella, côté grande sœur. Elle naît sous le nom de Mary Fairfax en 1780 en Écosse, près d'Édimbourg. Sa mère, qui a bien des enfants et guère d'argent, s'occupe de ses vaches, de son verger et de son potager. Son père, un vice-amiral, est souvent absent. Quand il rentre au logis, il trouve sa petite fille gambadant comme une sauvageonne dans les prés et sur la plage, à la recherche de coquillages, de fleurs et d'oiseaux. Ça ne lui plaît pas du tout. De fait rien, dans la jeunesse de Mary, ne plaira jamais à personne. Tout le monde la tarabustera pour qu'elle abandonne ce qu'elle aime faire. Elle ne lâchera jamais – mais elle apprendra à dissimuler.

Pour désensauvager sa fille, le vice-amiral l'envoie à l'âge de dix ans dans un pensionnat très schreberien : sanglée dans un bustier en cuir, le menton coincé dans un cercle de fer pour lui apprendre à se tenir droite, Mary a pour programme scolaire d'apprendre le dictionnaire par cœur. Elle parvient à quitter ce taudis de l'enfer au bout d'un an « comme un animal sauvage fuit hors de sa cage[1] », « pleine de joie mais pauvre d'éducation[2] ». Au moins, elle y a appris à écrire et à faire des comptes.

Revenue chez elle, elle abandonne les gambades qui déplaisent à son père et se plonge dans les livres. Ça ne convient toujours pas. Encore trop « *unlady-like*[3] », pas convenable. Un peu accablée, Mary se plaint : « Je suis bien tracassée que mon goût pour la lecture rencontre une telle opposition. Il n'est pas juste que les femmes aient envie de lire si c'est mal de le faire[4]. » Entre un cours de couture, un de révérence et un de bonnes manières, elle se débrouille pour assister aux leçons de science que reçoit son frère. Elle répond avant celui-ci aux questions que

1. *Personal Recollections, from Early Life to Old Age, of Mary Somerville*, Martha Somerville, Ed. Roberts Brothers, 1874, p. 29.
2. Dorothy Stein, *op. cit.*, p. 75.
3. « Mary Fairfax Greig Somerville », John J. O'Connor, Edmund F. Robertson, in *MacTutor History of Mathematics*, University of St Andrews, Scotland, août 2005.
4. Martha Somerville, *op. cit.*, p. 25.

pose le professeur. Ça n'est ni très poli, ni très discret, mais c'est plus malin qu'il n'y paraît : impressionné, ledit professeur décide de donner des cours à Mary. Pas officiellement, bien sûr. Mary grappille aussi un peu de latin par-ci, un peu de perspective par-là, beaucoup de grec et d'algèbre par elle-même. Mais son vrai tour de force consiste à bâtir, autour de son jardin secret où fleurissent les équations, une solide réputation de docilité, de politesse, de douceur et de convenable.

Avec une lucidité rare à son âge, Mary sait ce qu'elle veut : elle veut tout. Se goinfrer de sciences parce que son génie l'exige, être reconnue par ses pairs parce que son ego en a besoin, et ne pas être pour autant déclassée pour *unladylikeness* – jetée hors du *monde* comme le sera Harriet Martineau, une contemporaine de Somerville, comme elle lettrée et écrivaine. Certes, Martineau estimera toute sa vie que son déclassement (pour cause de faillite familiale, un péché mortel aux yeux du *monde*[1]) a été le levain de son bonheur, « une des meilleures choses qui me soient jamais arrivées[2] ». Elle analyse très clairement cette chance inouïe : « J'ai eu la liberté de mener mon propre travail à mon gré, car nous étions déchus de notre rang social[3]. » Elle peut enfin « vivre réellement

1. « La faillite… C'était plus horrible que la mort, c'était le scandale, l'écroulement, la ruine, l'opprobre, la honte, le désespoir et la misère. » *Les Buddenbrook,* Thomas Mann, Ed. Fisher, 1901, p. 225.

2. *Autobiography*, Harriet Martineau, Ed. Smith & Elder, 1877, vol. I, p. 142.

3. *Ibid.*

au lieu de végéter[1] ». Yourcenar dira peu ou prou la même chose dans les années 1930 : « Ce krach aux trois quarts complet me rendit à moi-même[2]. » Mais plonger hors du *monde* et en sortir grandie n'est pas une chance que Mary souhaite courir. Le sort des *miss* comme elle, Harriet ou Ada, qui n'ont rien de plus lourd à porter qu'une tasse de thé et qui passent leur vie entre une *garden-party* et un bal, parmi les gazes et les satins, peut sembler enviable vu de l'extérieur. De l'intérieur, c'est une prison, puisque leurs faits et gestes sont soigneusement contrôlés, et que celles qui bronchent sont physiquement éliminées. Soit elles sont assassinées avec l'aide de la médecine – ce sera le cas d'Ada –, soit elles sont envoyées en résidence surveillée, où elles meurent dans la solitude, comme Lady Caroline Lamb, soit elles sont purement mises sur le pavé avec, pour tout bagage, des compétences en révérences, comme Claire Clairmont. Mary sait tout cela. Si elle veut garder sa place au soleil, en robe de soie près de la table à thé, il lui faut jouer serré. Irréprochablement futile le jour, elle étudie la nuit. Du coup, on lui confisque ses chandelles. Qu'importe : elle travaille son Euclide de mémoire, dans le noir. Elle lit docilement les livres bien-pensants qu'on lui impose, et garde pour elle ce qu'elle en pense : « Ils semblent avoir été rédigés pour plaire aux hommes[3]. » Elle n'a heureusement

1. *Ibid.*
2. Marguerite Yourcenar, *op. cit.*, p. 42.
3. Martha Somerville, *op. cit.*, p. 30.

pas à se forcer en permanence : le temps de la *saison* est venu pour elle, et elle se découvre du goût pour les mondanités.

À vingt-quatre ans, Mary quitte la tutelle de son père pour celle d'un monsieur Greig – la femme, jamais majeure, passe de tutelle en tutelle tout au long de sa vie. Ce fils d'amiral l'emmène vivre à Londres. Hélas, il ne se révèle pas plus bienveillant que l'amiral paternel envers le génie de Mary. En réalité, il déteste les bas-bleus[1] – pas de chance. Il meurt fort heureusement au bout de trois ans et deux enfants. Riche héritière, enfin seule, Mary connaît alors cinq années de liberté pendant lesquelles elle se gave de mathématiques, notamment de Newton. Elle abreuve aussi sa soif d'astronomie, de chimie, de géographie, étudie la microscopie, l'électricité et le magnétisme. Elle devient alors ce qu'on appelle une *polymath* : un puits de science.

Puis elle se remarie avec un monsieur Somerville, dont elle s'est préalablement assurée qu'il la soutiendrait *enfin*. Elle peut alors, à trente-deux ans, son nouvel époux au bras, parcourir l'Europe à la rencontre des scientifiques de son temps : Herschel frère et sœur, Babbage, King, Arago, Poisson et, par-dessus tout, Laplace – le plus grand savant de l'époque. En 1831, Mary Somerville publie une traduction de la *Mécanique céleste* de Laplace. Plus qu'une traduction du français en anglais, c'est d'une traduction de

1. *He « possessed in full the prejudice against learned women which was common at that time »*, in *ibid.*, p. 4.

l'algèbre « en langage intelligible[1] » qu'il s'agit. Du moins, c'est ce qu'elle en dit, car elle est atteinte du syndrome de l'imposteur. Elle a toujours tendance à minimiser et ses efforts, et ses résultats. Même son autobiographie sera « pleine de petites touches de nature à se déprécier elle-même[2] ». Ou bien, peut-être que son enfance l'a rendue irrémédiablement méfiante ? Elle cache ses papiers et ses livres dès qu'une visite s'annonce. Que ce soit pour l'une ou l'autre raison, elle dédie son ouvrage à une femme, la reine Adélaïde, car il n'est pas question pour une femme de prétendre écrire un livre destiné à enseigner les hommes. Malgré quoi, sa *Mechanisms of the Heavens* fait date et autorité. Elle reçoit abondance de félicitations, des médailles, un buste en marbre, une pension du gouvernement (de la part de William Lamb, mari de Lady Caroline Lamb et fils de Lady Melbourne, le *monde* est tout petit). Elle est aussi élue membre de plusieurs académies, cercles, clubs et autres sociétés scientifiques dont les Anglais raffolent – surtout parce qu'elle a su devenir « une mathématicienne de premier plan tout en gardant sa grâce féminine[3] ». Oui, elle a su le faire. Elle l'a appris, sur le tas et à la dure. Et elle continue : sous sa douceur de dame convenable qui mène quelques recherches entre deux thés et deux enfants, insonda-

1. *Ibid.*, p. 179.
2. Dorothy Stein, *op. cit.*, p. 77.
3. Lettre de sir David Brewster, in John J. O'Connor, Edmund F. Robertson, *op. cit.*

blement modeste et correcte, elle cache une âme âpre au gain. Sa nombreuse famille en a bien besoin. En clair, Somerville écrit pour vivre – une considération terre à terre dont Ada découvrira elle aussi l'importance, en son temps.

Somerville ne fréquente pas que des scientifiques : d'un salon à l'autre, elle en vient à rencontrer toute la crème anglaise de l'époque. Elle croise ainsi le peintre Turner, l'écrivain Walter Scott, qui lui raconte « des légendes anciennes, des histoires de fantômes et de sorcières[1] » et, en 1833, Annabella et Ada. Une solide amitié se forge entre elles trois. Ces dames s'écrivent des flots de lettres, comme c'est l'usage. Elles en envoient autant que nous, des e-mails : la poste, à Londres, passe six fois par jour.

Nous voilà fin 1833, ou début 1834. À cinquante-quatre ans, Somerville montre, dans un portrait peint par Thomas Phillips, un visage lisse, très contrôlé, peu de cils et de sourcils, un grand front, un nez volontaire et des yeux bruns épuisés. Ses cheveux blond foncé, bien séparés par une raie au milieu, tirés sur son crâne, finissent au-dessus des oreilles en trois longs rouleaux, et à l'arrière de la tête dans un chignon natté qui doit peser son poids. La robe bleu nuit, fermée par un camé, s'étire sur ses seins jusqu'à deux encombrantes manches gigot cachées sous un ruban de fourrure. Sa taille est serrée dans une énorme ceinture à boucle rectangulaire. Le décolleté, nappé d'un linon blanc, se termine en un col

1. Martha Somerville, *op. cit.*, p. 66.

mousseux, un triple rang de dentelles à la limite de la fraise godronnée. Coquin, il découvre la naissance de sa trachée. Au-dessus de ce carcan imposé par la mode des années 1830, où les épaules se portent bas et la taille étranglée, Somerville regarde au loin avec un quart de sourire. Peut-être regarde-t-elle Ada, sa future et talentueuse élève ? Car c'est tout naturellement qu'Ada, quand elle aura pris la décision d'étudier les sciences, se tournera vers cette amie de sa mère pour lui demander des conseils. À moins que Somerville ne sourie à la vue de son ticket d'entrée à la Royal Astronomical Society, dont elle deviendra bientôt le premier membre féminin en compagnie de Caroline Herschel ? Ou encore, elle admire Whewell inventant, pour parler de son nouveau livre sur les sciences physiques, le terme *scientist* (scientifique[1]) afin de rimer avec *artist*. Ce n'est que bien plus tard qu'on représentera Somerville, dans la mode pas moins laide mais plus souple des années soixante-dix, avec un livre à la main. Mais restons en 1834 et allons prendre par la main le tout jeune Charles Babbage pour l'amener jusqu'ici.

Après la mère d'Ada par l'esprit, voici le père, celui grâce à qui le génie d'Ada va pouvoir se déployer. Charles Babbage a l'âge d'Annabella : il naît en 1791 à Londres, Southwark. Il passe son enfance dans

1. « On the Connexion of the Physical Sciences. By Mrs. Somerville », William Whewell, in *Quarterly Review* vol. LI, n° CI, mars 1834, p. 54-68.

le sud de l'Angleterre, au bord de la Manche, près de Plymouth. C'est l'unique fils survivant d'un père tyrannique, un *self-made-man* qui finira banquier sur Fleet Street (la banque qu'il a fondée existe toujours[1]). Comme tous les gosses de l'époque, le petit Charles est malade en permanence. Dans la bibliothèque d'une des écoles qu'il fréquente épisodiquement, il découvre les mathématiques et dévore bientôt les livres d'algèbre comme des romans. Déjà, c'est un expérimentateur : il met au point une expérience « pour savoir si, oui ou non, le diable peut vraiment être invoqué en chair et en os[2] ». Spoiler : il ne peut pas.

En 1810, rétabli, Charles part pour Cambridge comme tous les jeunes garçons chics. S'il s'avère médiocre en lettres classiques, il est si bon en sciences qu'il en sait davantage, le jour de la rentrée, que tous les autres étudiants et beaucoup de ses professeurs. Il profite de son séjour pour se faire des amis, entre autres Herschel – John, le neveu de Caroline, celui que photographiera si bien Julia Cameron, et qui découvrira tant d'étoiles – et Peacock, futur mathématicien célèbre. En leur compagnie, riche des 300 livres annuelles que lui verse son père, Charles fait la fête : bon boire, solide manger, excellentes discussions, promenades en bateau sur la Cam, parties d'échecs, de whist, et, surtout, voluptueuses spéculations mathématiques.

1. Praeds & Co., lloydsbankinggroup.com.
2. *Biography of Charles Babbage*, Georgi Dalakov, history-computer.com.

Voici Charles à vingt ans, réchappé d'une enfance catarrheuse et d'un père toxique. Il a un visage harmonieux et volontaire, avec une bouche déjà pincée mais encore bien modelée, un menton à fossette, un regard charbonneux, perçant, un grand front et cette façon impatiente de se coiffer, en rejetant ses cheveux vers l'arrière, qu'il gardera toute sa vie. C'est un bel homme dans le genre soigneusement négligé. Il s'est déjà lancé dans les deux activités qui l'occuperont jusqu'à sa mort : d'abord, adhérer à des clubs et à des *societies* – des sociétés scientifiques. Afin d'être sûr de ne pas manquer, il en créera même quelques-unes de plus. Il est notamment membre de l'Extractors Club, dont « la vocation est d'extraire ses membres de l'asile de fous au cas où ils viendraient à y être enfermés[1] ». Sa seconde marotte consiste à se brouiller avec la terre entière, et plus particulièrement avec les gens dont il a besoin. « Ce pauvre type finira par se mettre mal avec tout le monde[2] », remarque le mathématicien Augustus de Morgan, qui le déteste cordialement. Ainsi, ayant pour ambition de devenir professeur de mathématiques en université, Babbage publie un opuscule dans lequel il ridiculise le système de notation mathématique en vigueur à l'université (système un peu poussiéreux, il est vrai. D'ailleurs, Babbage a souvent raison. Là n'est pas le problème.

1. « Recreations of a Philosopher », in *Harper's New Monthly Magazine*, décembre 1864, p. 34-39.

2. *Memoir of Augustus De Morgan, with selections from his letters, by his wife,* Sophia Elizabeth De Morgan, 1882, p. 81.

Le problème, c'est qu'il n'a jamais la grâce de le cacher). Babbage obtient quand même son diplôme en 1814, mais il se voit, première goutte d'amertume dans sa coupe, refuser le poste de professeur dont il rêve. Ce qui est bien ennuyeux, puisqu'il a décidé de se brouiller aussi avec son père – en se mariant.

Babbage, entre deux articles de mathématiques très pointues et deux conférences sur le sujet, entame alors un voyage en Europe, à la rencontre d'autres scientifiques. C'est à Paris que lui est révélé ce qui deviendra l'œuvre de sa vie : fabriquer un outil qui lui permette de pratiquer les mathématiques en se passant de la plus agaçante des sources d'erreur, l'être humain.

Il faut comprendre qu'en ce temps-là, et jusqu'à la mise au point des calculettes, tous les calculs se font à la main – et parfois grâce à des as du calcul mental. Il y en a quelques-uns, mais pas suffisamment. Alors, on consulte des tables. Tables d'addition, tables de multiplication, tables de logarithmes, d'astronomie et de trigonométrie, tables de marées et de tirs, d'innombrables métiers utilisent des tables : les écoliers, les architectes, les fabricants de ponts, les assureurs, les banquiers, les militaires, les marins. Autant dire que la moindre faute dans une table se paye en effondrements, naufrages, ruines, défaites, mauvaises notes et autres catastrophes. Et des fautes de calcul, les tables en sont truffées. Sans compter qu'il n'y a rien de plus ennuyeux que de faire des calculs à la main. Morgan en témoigne : « Parmi toutes les corvées déplaisantes, le calcul numérique est la pire :

il combine le souci de l'activité avec l'ennui de la monotonie et la crainte de l'erreur[1]. » Tout ça agace prodigieusement le génial Babbage, qui voudrait bien nager dans le limpide azur des nombres sans se voir régulièrement dérangé par les petits octopodes aquatiques poilus de la décimale fautive. Il décide donc d'y remédier une bonne fois pour toutes, rejoignant dans sa créative colère Josephine Garis Cochran et son fameux : « Si personne ne veut inventer la machine à laver la vaisselle, je vais le faire moi-même[2] ! » Il se prend à rêver d'un automate capable de réaliser tout seul les quatre opérations – un calculateur (*computer*) automatique ! Ça y est, la « passion de l'ingénierie[3] » l'a saisi. On est en 1821 et Babbage, submergé par l'enthousiasme, tourne le dos à tout le reste – même aux mathématiques.

C'est dommage pour le domaine : « On considère souvent que l'impulsion donnée par Babbage permit l'épanouissement des mathématiques anglaises dans les décennies suivantes[4]. » Forcément, l'abandon de sa carrière de théoricien représente une grande perte. On n'ose imaginer ce que Babbage aurait pu réaliser s'il avait persisté. Apparaît là un troisième trait marquant de son caractère : il s'engoue,

---

1. *Penny cyclopadeia. Sur l'aide que l'on peut apporter au calcul,* Augustus de Morgan, 1846.

2. « Josephine Cochran and the Invention of the Dishwasher », Mary Bellis, *The New York Times*, 7 août 2017.

3. *Biography of Charles Babbage*, Georgi Dalakov, history-computer.com.

4. *Charles Babbage,* Frédéric Bayart, bibmath.net, 1999.

se passionne, entame une percée formidable, puis se dégoûte et passe à une autre toquade, en général parce qu'il estime que son mérite n'est pas assez reconnu par ses pairs. Lesquels le fuient, en effet, sans qu'il se demande jamais si son affreux caractère n'y est pas pour quelque chose. Afin d'achever ce portrait contrasté, notez que Babbage est aussi connu pour son « célèbre charme, son esprit et son humour[1] ». Ainsi, quand le poète Tennyson écrit : « À chaque instant un homme meurt/À chaque instant un homme naît[2] », Babbage lui explique que, « en vérité, le taux de natalité est supérieur au taux de mortalité, et il conviendrait d'écrire que "à chaque instant un homme meurt/À chaque instant 1 + 1/16 d'homme naît". Parce que, strictement parlant, le nombre exact est tellement long qu'il ne tiendrait pas sur une ligne[3] ». Cela dit, Babbage étant anglais, « il est souvent extrêmement difficile de dire quand il plaisante[4] ».

Mais Babbage ne fait pas que des sciences, des colères et des plaisanteries de geek : il fait aussi l'amour. Il engrosse sa femme, la très jolie Georgiana, à peu près chaque année, jusqu'à ce qu'elle en crève. Seuls trois de leurs huit enfants atteindront l'âge adulte – trois fils. Et vient l'année 1827… Année ter-

1. Georgi Dalakov, *op. cit.*

2. « The Vision of Sin », in *Poems*, Alfred Tennyson, vol. II, Ed. Edward Moxon, 1842.

3. Georgi Dalakov, *op. cit.*

4. *The Thrilling Adventures of Lovelace and Babbage,* Sydney Padua, Penguin, 2015, p. 49.

rible. Pour ses trente-six ans, Babbage perd à la fois son père, sa femme, leur petit Alexander nouveau-né et leur petit Charles de dix ans. Il sombre dans la dépression, plie bagage et va promener sa peine dans toute l'Europe. Au retour, il se retrouve à la tête d'un joli héritage : 100 000 livres (environ 9 millions d'euros actuels, peut-être 12). Et peu après, en 1829, il obtient *enfin* le poste de professeur à Cambridge qu'il espère depuis quinze ans. Trop tard, hélas, pour qu'il puisse convaincre son père qu'il est capable de faire quelque chose de sa vie. Trop tard aussi pour que, au moins, l'appât du gain le motive. Peu étonnamment, Babbage ne sera pas un professeur conventionnel – carrément « *inattentive to teaching*[1] ». Mais il ne refusera jamais les 100 livres de son salaire, « le seul honneur, affirme-t-il, que j'aie jamais reçu de mon pays[2] ». Sa coupe d'amertume déborde et commence à le ronger.

Fidèle à lui-même, il décide de fêter son retour au pays en écrivant *Réflexions sur le déclin de la science en Angleterre*, afin de se faire encore un peu plus d'amis. C'est un succès sur tous les plans – de librairie et de grincements de dents. Ses enfants survivants approchant de l'âge de la *saison*, il décide de socialiser un peu : il tient salon tous les samedis soir. Et comme il est charmant quand il veut, ses

1. *Charles Babbage,* Wikipédia.
2. *Charles Babbage and the Engines of Perfection*, De Bruce Collier & James MacLachlan, Oxford University Press, 1998, p. 54.

réceptions deviennent rapidement des plus courues de Londres. On y croise parfois plus de deux cents invités, voire trois cents – le salon doit être de belle taille. Il y a de tout, à ces soirées : des hommes de loi et de sciences, des hommes d'Église et d'industrie, tout le corps médical, des universitaires, des politiciens, des explorateurs et des artistes, Darwin, Nightingale et Tocqueville. Les astronomes viennent avec leur lunette, les chercheurs avec « leurs dispositifs électriques et magnétiques[1] », Babbage avec des poupées mécaniques (dont une charmante danseuse d'argent qui tient un oiseau à la main) et, bien sûr, un prototype de ce moteur à différences dont il sera amplement question plus loin, « un engin à manivelle de deux pieds de haut constitué de 2 000 pièces en laiton[2] ». Les invités écoutent des lectures et des conférences, mais pas seulement : ils dansent, jouent, dînent de mets fins, mangent des glaces et se déguisent pour composer des tableaux vivants, souvent des reconstitutions de peintures célèbres. Hélas, au cours d'une de ces soirées, Georgiana Junior, la fille de Babbage, âgée de seize ans, fait connaissance d'un couple exclusif et cruel : madame la Maladie et son époux, la Mort. Assommé de chagrin, Babbage se réfugie dans le travail et notamment dans sa plus durable lubie : le calcul automatique.

1. *Les Innovateurs,* Walter Isaacson, trad. Bernard Sigaud, J.-C. Lattès, 2015, p. 31.

2. *Untangling the Tale of Ada Lovelace*, Stephen Wolfram, 10 décembre 2015, wired.com.

Le premier *computer* imaginé par Babbage est un moteur à différences. Celui-ci tire son nom de la méthode de Newton des différences finies – je n'entrerai pas davantage dans les détails. Retenez seulement que cette machine ne fait, malgré son nom, que des additions. C'est donc en 1821 que, travaillant sur des tables astronomiques étoilées d'erreurs, bien sûr calculées à la main, Babbage s'exclame : « Crénom de Dieu ! comme j'aimerais que ces calculs aient été faits à la vapeur[1] ! » À quoi Herschel, britannique, lui répond : « C'est envisageable. » Et Babbage de se plonger dans les plans du moteur à différences. En 1823, il a fini de dessiner une machine assez impressionnante : figurez-vous de longues tiges verticales sur lesquelles tournent des roues dentées, chacune possédant dix dents numérotées de 0 à 9. On lit les chiffres en partant du sommet, et un système d'engrenages permet aux roues de tourner sur elles-mêmes de façon coordonnée. La rotation est effectuée non à la vapeur, mais manuellement, à l'aide d'une manivelle. Enthousiasmé à son tour, le gouvernement anglais offre à Babbage 1 700 livres pour persister dans son projet. Babbage exigera – et obtiendra, étalés sur dix ans – à peu près dix fois plus (soit environ 2 millions d'euros actuels, deux frégates de guerre à l'époque) pour, eh bien, ne jamais mener le projet à terme. « Nous n'avons reçu pour

1. *Memoir of the Life and Labours of the Late Charles Babbage Esq. F.R.S.,* H. W. Buxton, Anthony Hyman, MIT Press, 1988, vol. XIII, p. 46.

nos 17 000 livres que les récriminations de monsieur Babbage[1] », se plaint le donateur. Il faut dire que les plans de Babbage décrivent de façon méticuleuse près de 25 000 pièces, ce qui n'est pas rien à usiner. Il faut dire aussi que « méticuleux » ne veut pas dire « ferme et définitif » : Babbage est trop enthousiaste pour n'être pas complètement brouillon. Il corrige et modifie inlassablement ses engrenages, qui deviennent vraiment très compliqués à usiner. Il faut dire enfin qu'en 1833 il se brouille cruellement avec Joseph Clement, le malheureux ingénieur chargé de fabriquer ses 25 000 pièces mutantes. Tout cela n'empêche pas Babbage de montrer un prototype simplifié de son moteur au *monde*, avec un succès indéniable – les démonstrations scientifiques sont à la mode, à Londres. La même année, il décide que les différences, c'est trop 1820. Il vient d'avoir une idée encore plus géniale : le moteur analytique ! Une machine capable de résoudre n'importe quel calcul.

En 1834, Babbage conçoit son *analytical engine* en cinq parties, lesquelles peuvent vous évoquer quelque chose : une entrée de données (*the input*) qui lit des cartes perforées (principe aimablement fourni par les métiers à tisser de monsieur Jacquard), une autre entrée qui lit des cartes d'instructions (*the control*), un moulin qui ordine (« mettre en ordre, arranger[2] ») et qu'on peut aussi appeler unité centrale de calcul (*the mill*), un magasin qui stocke les résultats inter-

1. Jean-Paul Soyer, *op. cit.*
2. *Ordinatio*, Wiktionary.org.

médiaires et finaux (*the store*), et une imprimante (*the output*) – une belle imprimante pour, *enfin !,* éditer de belles tables de calcul, nettes de toute erreur. Le principe est génial ; la finalité manque de grandeur, de souffle, d'inspiration – de hauteur de vue. C'est alors que, au hasard d'une de ses soirées scientifiques où se croise tout le *monde*, Babbage est présenté à Annabella – et à une petite jeune fille réservée nommée Ada. Contrairement à la majorité de l'assistance, qui vient chez Babbage davantage pour goûter à ses desserts exotiques que pour la beauté des nombres, Ada se prend immédiatement de passion pour le moteur de Babbage.

Enfin, après les parents par l'esprit, voici le grand frère d'élection d'Ada, son mentor, le professeur qui la mènera au niveau mathématique suffisant pour qu'elle puisse collaborer avec Babbage. Morgan est plus âgé qu'elle de dix ans. Comme elle, il est accablé par les maladies infantiles. Il y laisse un œil, grâce à quoi il échappe à l'armée, à laquelle sa famille le destinait. Sa passion pour les mathématiques le prend à quatorze ans, et son dégoût de la religion lui vient de sa mère, qui le tympanise pour qu'il embrasse une carrière ecclésiastique. Révulsé, il se déclare « anti-déiste[1] », le terme athée étant alors un trop gros mot. Il s'y tiendra mordicus toute sa vie.

---

1. *An Essay on Probabilities: and on their Application to Life Contingencies and Insurance Offices*, Augustus de Morgan, Ed. Longman, 1838, p. 22.

En 1823, Morgan entre, vous vous en doutez, à Cambridge. Il s'y lie avec Peacock, qui l'entraîne loin sur les chemins de l'algèbre. Étudiant étincelant, Morgan cale cependant sur l'examen final : celui-ci comporte une épreuve de théologie et Morgan préférerait avaler son compas, son équerre et son édition de Leibnitz plutôt que de la passer.

Par défaut, il s'inscrit au barreau – il n'y mettra guère les pieds. Il gagne sa vie en donnant des cours de mathématiques. Heureusement pour lui, tous les recalés de Cambridge – les juifs, les catholiques, les femmes, les allergiques à la théologie – voient soudain s'ouvrir devant eux les portes d'une nouvelle université fondée sur la neutralité de culte et de genre : la London University, que nous connaissons aujourd'hui sous le nom de University College London, la prestigieuse UCL. Morgan y est admis comme professeur à vingt-deux ans. Là aussi, il fait des étincelles. Ses étudiants l'adorent. Il faut dire que ses innovations pédagogiques sont radicales : au lieu de déclamer son cours *ex cathedra* dans une douce odeur de sieste, il délivre une heure d'enseignement suivie d'une heure d'exercices qu'il corrige à la volée. Disons qu'il s'intéresse au fait que ses élèves comprennent quelque chose à ce qu'ils font. Personne n'y avait jamais pensé avant, semble-t-il. Du haut de sa chaire, ce jeune professeur présente, entre un collier de barbe sombre et un vaste front déjà dégarni, un menton rond d'angelot, une jolie bouche et des yeux ardents, splendides.

Essuyer les plâtres universitaires de l'UCL donne lieu à bien des chicanes et controverses. Morgan, prouvant ainsi qu'il a bien un caractère de mathématicien, prend parti et démissionne avec fracas en 1831. À la recherche d'élèves à qui donner des cours particuliers, il se lie d'amitié avec Frend, l'ancien professeur d'Annabella Byron, un vieux mathématicien passéiste qui ne croit tout simplement *pas* aux nombres négatifs. Les deux hommes partagent, outre l'amour de l'arithmétique, celui de la musique. Morgan est un flûtiste émérite et vient volontiers pousser sa trille chez Frend, avec tant d'assiduité qu'il épousera sa fille Sophia, la BFF d'Annabella Byron (une enfant surdouée que son père, en la privant d'études, a ramenée à une normalité convenable). Il lui fera sept enfants, dont l'écrivaine assez connue Mary de Morgan. C'est, bien sûr, via sa femme Sophia que Morgan entre en relation avec Annabella, et par extension avec Ada, au moment où celle-ci cherche désespérément un nouveau professeur de mathématiques, Somerville ayant dû quitter le pays – mais n'anticipons pas.

Les ailes qui poussent

Nous avons laissé Somerville, Babbage et Morgan en 1834. Remontons six mois en arrière, en juin 1833, juste pour assister à la première *saison* d'Ada. Elle est présentée à la cour et s'y comporte « de manière acceptable[1] », admet Annabella. Elle y croise Wellington et Talleyrand, qu'elle juge simiesque. Sa mère l'emmène ensuite, entre autres mondanités, chez Babbage. Toutes les deux tombent en admiration devant le prototype de moteur à différences. Est-ce le souvenir de sa jeunesse enchantée qui émeut Annabella ? Elle a l'impression d'avoir affaire à une machine pensante, un vertige la prend devant les perspectives offertes à l'esprit humain. Mais Ada, elle, ne se contente pas d'être fascinée : « Tandis que les visiteuses et visiteurs contemplaient fixement le bel instrument » avec une expression vacante, Ada « comprenait son fonctionnement et en admirait la beauté[2] ». Elle la

1. Walter Isaacson, *op. cit.*, p. 29.
2. *Memoir of Augustus de Morgan,* Sophia de Morgan, Ed. Longmans & Green, 1882, p. 9.

surnomme « le joyau de tous les mécanismes[1] » et en emprunte quelques plans au maître de maison, qui est forcément ravi de voir quelqu'un partager sa passion.

Début 1834, après sa tentative d'évasion ratée, Ada cherche désespérément un sens à sa vie qui ne soit pas immédiatement contrecarré par sa mère – et elle le trouve. Annabella n'est-elle pas la princesse des parallélogrammes ? Elle ne peut décemment pas être opposée aux sciences. Ada écrit à un ami, le docteur King (encore un mathématicien, qu'il ne faut pas confondre avec Lord King, son futur mari). Elle lui explique qu'en se livrant à la seule passion qui lui soit permise, la passion intellectuelle, elle espère venir à bout de l'ennui qui la ronge. Et elle lui demande un cours de mathématiques, qui lui semble la base nécessaire pour toutes les études scientifiques qu'elle brûle désormais d'entreprendre. Le docteur King la félicite et, même, il la comprend très bien, quoique petitement : « Le docteur King admit que les mathématiques pouvaient tenir en respect les pulsions sexuelles[2] », comme s'il ne s'agissait que de ça. Pour lui, l'avantage des mathématiques est qu'elles n'inspirent guère de pensées licencieuses. Certainement, dans son esprit, une femme qui aspire à une vie personnelle est aussi obscène que si elle se promenait cul nu dans Regent Square, et il ne voit dans l'impatience d'Ada qu'une pulsation dégoûtante. Il

1. Dorothy Stein, *op. cit.*, p. 121.
2. *Ibid.*, p. 70.

lui envoie donc un cours de Cambridge, comme une bouée pour lui éviter de sombrer dans l'inconvenance, la débauche et la misère.

Vous me direz qu'il paraît étrange de laisser une femme approcher de si près cette source de pouvoir que sont les mathématiques. Mais cette source ne coule que chez nous. Si, aujourd'hui, être un crack en maths ouvre les portes des écoles les plus prestigieuses, des postes les plus convoités et des rémunérations les plus grasses, au début du XIXe siècle, en Angleterre, les mathématiques ne sont qu'une gymnastique intellectuelle bonne pour les *gentlemen of leisure* et les ouvrages de dame. On gagne mieux sa vie à l'église, au barreau, en médecine, dans les manufactures, sur la mer, à l'armée, aux colonies, sur les champs de courses ou à la cour – partout ailleurs, en fait.

Ada se jette goulûment sur les livres conseillés par le docteur King et l'assomme de questions. Voilà le docteur King bien embarrassé, voire essoufflé. Heureusement, il existe déjà, dans le cercle social d'Annabella et Ada, une autre personne prête à répondre à Ada avec davantage de coffre : Somerville. Ada lui écrit sitôt qu'elle rencontre une difficulté et l'accompagne aux soirées de Babbage. Somerville « lui envoyait des ouvrages de mathématiques, concevait des problèmes à lui faire résoudre et lui expliquait patiemment les réponses exactes[1] ».

1. Walter Isaacson, *op. cit.*, p. 40.

Mais il est temps, pour Ada, de terminer sa troisième *saison* comme on l'attend : en se mariant. À l'été 1835, au mitan de ses dix-neuf ans, après avoir esquivé quelque coureur de dot, c'est chose faite. Trois mois auparavant, en avril, le fils aîné de Somerville a parlé d'Ada à Lord King, futur Lovelace (prénommé William). C'est un camarade de, bien sûr, Cambridge. Il lui a glissé au passage que la jeune femme ferait une épouse correcte. Le jeune homme s'est contenté de hocher la tête. Puis, avec naturel, il s'est fait présenter à Ada et s'est déclaré. Il a été agréé en juin – sans extase. Ada l'accepte avec une politesse distante. Les deux jeunes gens se marient début juillet. Voilà une affaire rondement menée, sinon passionnément.

William descend lointainement d'un épicier de province, mais aussi d'Henri VIII. Il a du bien (8 000 livres de rente) et un titre. Il sera, de plus, nommé comte Lovelace trois ans plus tard, lors du couronnement de la reine Victoria, sur la recommandation de William Lamb. Voyageur, cultivé, polyglotte, paisible, il est, par surcroît, tombé amoureux de sa future femme. Sitôt fiancée, Ada se déclare remplie de calme, de sérénité et de gratitude. C'est que, pour une fois, sa mère l'approuve au lieu de la rabrouer et, même, la dote formidablement : 40 000 livres, qui vont directement dans la poche de William, bien sûr. Ada n'a droit qu'à 300 livres par an, somme qui lui fait perdre un peu de sa sérénité, mais qui s'en soucie ? Annabella, d'une plume aisée, transmet la tutelle d'Ada à son gendre. D'un même jet, elle écrit à sa fille qu'il est temps pour elle de « dire adieu à toutes [ses] bizarreries[1] » et lui souhaite un bel avenir de maîtresse de maison. Amen.

Admirons le portrait d'Ada peint par Margaret Carpenter à ce moment-là : elle y apparaît sanglée dans une robe de satin blanc à tirer des larmes à un glacier. C'est toujours la mode des années 1830, avec sa taille trop serrée dans une ceinture large, à boucle, ses épaules basses, ses manches gigot, sa jupe d'ampleur raisonnable (on est sur le point d'inventer la crinoline) et son décolleté vertigineux. Le pied, étroitement chaussé, dépasse au bas de la jupe. Un manteau rouge doublé de fourrure se déploie sur l'arrière. Ada, pâle comme il sied, a le nez pointu et la petite bouche de sa mère, la mâchoire bien découpée de son père (elle la trouve trop forte), de grands yeux bleus et des cheveux bruns, luisants comme un pelage. Elle porte une tiare sur un chignon moins grotesque que la plupart de ses contemporaines, un simple rouleau de tresses. Elle est raide, belle et contente d'elle-même. Un autre portrait, d'Alfred Chalon celui-là, montre un visage beaucoup plus poupin, rond et réjoui, assez semblable à celui de sa mère, avec la bouche dodue de son père et la coiffure de princesse Leia, sommée d'un gros papillon de cheveux. Sur une gravure, toujours de Chalon, et qu'Ada déteste, le papillon est remplacé par une rivière de dentelles, de fleurs et de rubans.

1. *The Bride of Science,* Benjamin Wooley, Ed. Macmillan, 1999, p. 172.

Il faut trois mois de mariage avant qu'Ada se remette à poser des questions mathématiques à Somerville – le temps qu'elle soit débarrassée des nausées de sa première grossesse. Les lettres qu'échangent les deux femmes sont d'ailleurs un curieux mélange de layettes et de formules algébriques. Ada écrit à Somerville qu'elle travaille tous les jours ses mathématiques, notamment la trigonométrie. Suit une déferlante de sinus et de cosinus, d'un niveau encore assez élémentaire. Somerville répond avec des encouragements. Au début de l'année suivante, Ada passe à la géométrie dans l'espace et redouble de questions. Bien sûr, son entourage la tympanise pour qu'elle ne tombe pas dans un excès qui risquerait d'échauffer son utérus. Mais elle fait comme Somerville : elle tient bon. Pour calmer ces furies, elle se consacre aussi à la harpe, en y investissant bien sûr sa frustration habituelle : elle y passe plus de quatre heures par jour, au point de s'en faire mal aux doigts.

Le temps qu'Ada mette au monde son premier enfant (bizarrement prénommé Byron, puis vite rebaptisé Ockham) et en route le deuxième (Annabella), nous arrivons en 1837. Ada a vingt et un ans et, déjà, son mariage la déprime. C'est qu'elle comptait dessus pour être davantage libre, ce qui n'aurait pourtant pas été difficile, et qu'elle l'est encore moins – bel exploit. William, au milieu de toutes ses qualités, a un défaut, curieux mais de taille : il adore sa belle-mère[1]. Il faut

1. Il en a un autre : il adore les arbres, et en plante tellement que les récoltes crèvent à leur pied, faute de soleil, mais ce défaut-là ne dérange que ses fermiers.

dire que sa famille d'origine n'est pas commode, ou c'est lui, enfin ils sont brouillés. Annabella lui tient lieu de mère de substitution. Entre eux se noue peu à peu une « alliance affectueuse, frisant le ravissement[1] » à tous les niveaux, notamment dans l'exercice du pouvoir parental sur Ada. Dès que celle-ci se mêle de quelque chose de concret, son époux la rabroue dans des termes annabellesques, quelque part entre l'indulgence polie et le mépris agacé. Pendant des années, l'époux et la mère d'Ada agiront comme un seul homme pour lui ôter toute autonomie au sein de son propre foyer.

William a un défaut supplémentaire : une tendance à l'ascétisme, qu'il impose à son entourage. N'allez pas imaginer qu'Ada vive sur un grand pied, dans un flot de velours et de champagne, parmi une nuée de domestiques. Là où sa tante, la très désargentée Augusta Leigh, dispose dans sa misère de cinq domestiques, Ada n'a droit qu'à une femme de chambre et encore, pas toujours. Mais elle s'en passe très bien ; elle sait s'occuper d'elle-même. Par contre, comme chez beaucoup de gens inventifs, sa paperasse est dans un désordre insigne. Du moins, c'est l'avis de son époux, qui voudrait que tout soit tiré au cordeau et se plaint de la brouillonnerie de sa femme de façon obsessionnelle. En clair, Ada a épousé sa propre mère. C'est une lente mais inexorable catastrophe. Rongée, elle attrape tout ce qui passe, et notamment,

1. Dorothy Stein, *op. cit.*, p. 87.

à l'automne de cette année-là, le choléra. Elle n'en sort pas en forme. Pour la remettre sur pied, son médecin lui conseille de faire un autre enfant, le troisième en quatre ans (Ralph). Le remède s'avère, bien sûr, pire que le mal.

Ada se découvre peu d'accointances avec la maternité. Avant d'avoir des enfants, elle en rêvait « sur des échasses », comme autrefois sa mère : elle se voyait avec un petit mathématicien en herbe et s'impatientait déjà de ne pouvoir commencer les cours de mathématiques dès la première année. Mais la réalité lui déplaît. Elle avoue vite qu'elle n'aime pas les enfants, faisant écho à l'opinion de son père qui se disait « fervent admirateur du roi Hérode[1] », et à celle de tout son siècle, au fond. Confrontée à trois bambins remuants, elle s'irrite, se prend bientôt à les détester, et William partage son allergie. La situation ne s'arrangera pas après la petite enfance, et Ada déchargera volontiers dans les bras d'un précepteur l'éducation de ses rejetons. Cela dit, cet éloignement ne se fait pas sans que coule une goutte du lait de la tendresse humaine : Ada plaint sincèrement ses trois petits d'être tombés sur une mère comme elle, et se console en estimant que, à défaut d'être capable de leur faire du bien, elle aura au moins évité, par son absence, de leur faire du mal. Cette réflexion contient plus d'amour que toute l'attention qu'Annabella a portée à Ada enfant. Mais pas beaucoup plus de lucidité.

1. *Byron*, film réalisé par Julian Farino, BBC studio, 2003.

Jetons un œil encore à l'intimité d'Ada : malgré leur peu de goût pour la parentalité, Lord et Lady King, comte et comtesse Lovelace, ne sont pas d'insensibles brutes. Ils ont leurs instants de grâce familiale. Ainsi, le fils de Mary Somerville rapporte avoir vu Lord King jouer avec son premier fils, le lançant au plafond et le rattrapant dans ses bras, comme le font tous les pères. De même, n'allez pas imaginer que Lord et Lady King fassent chambre à part et ne se croisent qu'engoncés dans des chemises en flanelle, ou des tenues de cour : ils dorment ensemble, et tout nus.

Afin de fuir un réel toujours plus décevant, Ada décide en 1839 de passer à la vitesse supérieure dans son étude des mathématiques. Car elle en raffole : pour elle, les mathématiques « constituent le seul langage par l'entremise duquel nous puissions correctement exprimer les réalités grandioses du monde[1] ». Ada est encouragée dans cette voie par l'étrange couple maritalo-maternel. Annabella écrit mielleusement à William combien elle le trouve sage et bon d'encourager les progrès scientifiques d'Ada, qui ne pourront que soulager son excitation utérine. Et aussi, qu'elle compte sur la pesanteur des devoirs maternels pour éviter à Ada un trop parfait accomplissement intellectuel. De son côté, Ada se rend compte qu'elle a épuisé sous elle les compétences du docteur King. Somerville, venue à bout de son héri-

1. Walter Isaacson, *op. cit.*, p. 45.

tage, doit s'exiler sur le continent, comme autrefois Byron et tant d'Anglais ruinés fuyant vers des pays à faible pouvoir d'achat. Ada se cherche un troisième professeur. Babbage, *overbooké,* décline l'invitation. Ce mathématicien tant espéré, Ada le trouve en 1840 près de chez elle. C'est l'époux de Sophia, fille du vieux Frend et BFF d'Annabella : Morgan.

Ada et Morgan travaillent ensemble l'algèbre, la trigonométrie et le calcul différentiel. Leur correspondance met en évidence à la fois la patiente pédagogie de Morgan et la curiosité tous azimuts d'Ada. Nature du zéro, nature du calcul différentiel et intégral, elle veut tout comprendre, et Morgan lui répond d'autant plus volontiers qu'il est lui-même en train de plancher sur ces sujets et d'inventer, avec d'autres, ce futur des mathématiques que nous connaissons. Ada s'acharne, s'arrache les cheveux, et note avec poésie que les formules mathématiques, comme des personnages de conte, savent se rendre insaisissables en changeant incessamment de forme. Cette façon de voir évoque Einstein et son « si vous voulez que vos enfants soient intelligents, lisez-leur des contes de fées. Si vous voulez qu'ils soient plus intelligents, lisez-leur plus de contes de fées[1] ». Enragée par ses propres limites, Ada fait des rêves transhumanistes qui ont deux cents ans d'avance, et espère que l'humanité future aura un plus gros cerveau que le sien. Morgan lui répond joliment qu'il n'est pas raison-

1. *Breaking the Magic Spell: Radical Theories of Folk and Fairy Tales*, Jack Zipes, University Press of Kentucky, 1979, p. 4.

nable de vouloir saisir l'horizon à pleines mains. Mais, envers et contre toutes les difficultés, Ada éclate de joie d'une façon qui jette un jour cru, sinistre, sur la misère de sa vie quotidienne. Elle en vient même à critiquer les démonstrations de son professeur et à proposer les siennes, avec une candeur, une audace et une confiance en ses capacités qu'on ne rencontre guère parmi les femmes du temps.

Celles-ci sont désespérantes de modestie non feinte. Elles prouvent par là qu'elles ont avalé jusqu'à la lie le mépris qu'on leur sert depuis leur naissance, qu'elles l'ont digéré et qu'il s'est diffusé dans tout leur métabolisme, comme un perturbateur endocrinien misogyne. Somerville se reconnaît bien des qualités, mais sûrement pas du génie, feu divin réservé aux hommes. « Avec de faibles facultés imaginatives et suggestives, donc rien qui ressemblât au génie, elle avait une vue claire de ce qu'elle voyait, et exprimait clairement ce qu'elle avait à dire. En résumé, elle sut vulgariser, mais elle ne put ni découvrir ni inventer[1] », renchérit Martineau dans son autobiographie. Rien de semblable chez Ada. L'humilité n'est pas son fort, et c'est ce qui lui permettra de voir loin. Elle s'autorise même, du haut de ses compétences toutes fraîches, à critiquer l'enseignement universitaire auquel elle n'a pas accès, ayant constaté que les hommes de son entourage, bien que tous passés par l'université, sont pratiquement ignares en mathématiques. Avec une sagesse

1. Harriet Martineau, *op. cit.*, p. 469.

de renard, elle juge trop verts les raisins qui sont hors de sa portée.

Quand sa tête est près d'éclater, elle se réfugie dans la musique. Elle s'y adonne même plus que jamais, puisqu'elle commence à étudier le chant. Et pas n'importe lequel : elle s'attaque vaillamment au rôle de la Norma, l'un des plus difficiles qui soient. Elle s'étonne de se découvrir capable d'exprimer les sentiments les plus virulents, notamment la colère et le mépris. Son cœur oscille entre mathématiques et musique – elle n'est pas loin, d'ailleurs, de trouver des affinités entre ces deux univers. William, son époux, qui trouve que se produire sur scène n'est pas si *ladylike* que jouer de la harpe, regimbe. Ada lui sort les arguments d'usage : chanter soigne son asthme et remet son utérus en place. Elle constate qu'elle porte en elle une force incroyable qui brûle de s'exprimer, peu importe le moyen. Sans hésiter, elle planifie une formidable carrière de compositrice-interprète d'opéra – de poète et de musicienne, pour tout dire. Et elle essaye de concilier tout cela avec les sciences. William, lui, insiste en faveur des sciences, et gagne.

Petit à petit, à force d'acharnement sur ses livres de mathématiques, les yeux d'Ada s'ouvrent sur le monde des nombres et des symboles. Elle y découvre, éblouie, des infinis. Vaillamment, elle continue le voyage, pose des questions sur les origines du savoir scientifique, les applications de l'analyse mathématique au réel, les extensions de l'algèbre et celles de la géométrie à trois dimensions, les interconnexions entre les différentes branches des mathématiques, etc. On voit que son regard porte toujours plus loin. On voit aussi qu'elle demande à Morgan des miracles, c'est-à-dire des réponses que, à moins d'être Dieu, il serait bien embarrassé de donner. Du moins lui fait-elle la grâce de le supposer aussi intelligent, aussi curieux qu'elle – ce qui est énormément dire, car elle admire son propre cerveau sans mesure. Le couple maritalo-maternel applaudit et remercie Morgan pour son aide. Morgan répond avec une admiration qui confine à la stupéfaction : la puissance de l'esprit d'Ada lui paraît incontestable et, pour tout dire, presque masculine. Il cite même Somerville et affirme qu'Ada est intellectuellement plus douée. Non, il n'est pas payé pour les cours qu'il donne à Ada.

Forte de ses progrès, Ada décide de passer à l'étape suivante : commencer à bâtir sa propre œuvre scientifique.

Les ailes qui s'ouvrent

Nous voilà en 1841. Ada travaille d'arrache-pied avec Morgan tout en faisant, métaphoriquement, du pied à un autre scientifique : Babbage. Elle le connaît, aussi bien qu'on peut connaître quelqu'un dont on a assidûment fréquenté le salon entre 1833 et 1835, en même temps que deux cents autres invités, avant de se laisser absorber par les couches et les layettes. Elle lui écrit avec un grand naturel et lui propose ses services de traductrice, car elle pratique avec aisance aussi bien le français que l'allemand. C'est qu'il est d'usage de commencer une carrière scientifique par des traductions. Signer un article scientifique en position de traducteur ou de traductrice et le voir publier dans une revue reconnue est un moyen habituel de se faire un nom. Babbage n'a pas débuté autrement, ainsi que Somerville et Morgan. Ada, bien sûr, n'en parle pas qu'à Babbage. Elle fait aussi part de ses intentions à sa mère. Est-ce une coïncidence ? Ou une vengeance de mathématicienne frustrée à mathématicienne en train d'éclore ? Annabella trouve le moment bien choisi pour révéler à Ada qu'elle a une demi-sœur de presque son âge, Medora, fruit de l'inceste entre son père et sa tante Augusta. De la part de quelqu'un qui interdisait à Ada de seulement mentionner le nom de Lord Byron, et qui ne lui a montré son portrait qu'en 1835, voilà bien des détails scabreux.

À la décharge d'Annabella, disons que les circonstances se prêtent à cette révélation. Augusta, la belle-sœur d'Annabella, a eu, en son temps, une petite Georgiana avec son mari, le colonel Leigh. Puis elle a eu une petite Medora avec son demi-frère, Lord Byron. En 1826, elle marie Georgiana à un Henry Trevanion, homme de faible vertu. Il profite du *baby blues* de son épouse pour violer sa très jeune belle-sœur Medora (quatorze ans). Il l'engrosse, l'enlève, l'emmène en France, c'est un scandale. Nous sommes là au début des années 1830. Le couple tire le diable par la queue, se sépare, et Medora cherche de l'argent où elle peut. Elle commence par les poches de sa mère, mais c'est un désert. Elle se tourne alors, en 1840, vers la partie solvable de sa famille, à savoir Annabella. Celle-ci, trop heureuse de damer le pion à Augusta, décide de secourir la jeune femme. Elle la rencontre, la rente, la sermonne et, fatalement, raconte toute l'affaire à Ada.

Celle-ci est durement secouée. Début 1841, elle côtoie un moment la folie, avec une emphase qui rappelle le Nietzsche d'*Ecce homo*. (Dans cette autobiographie, je le rappelle, Nietzsche a donné pour titre aux trois premiers chapitres : « Pourquoi je suis si sage », « Pourquoi je suis si avisé » et « Pourquoi j'écris de si bons livres[1] ».) Ada, elle, affirme à sa mère qu'elle perçoit le réel au-delà du visible, que sa faculté de raisonnement est aussi incommensurable que sa capacité de concentration, et que ces conclusions sont le fruit d'une réflexion longue et rationnelle. C'est la définition exacte de la psychose, et ça doit inquiéter Annabella. Cela dit, à la même époque, Ada écrit à Babbage pour lui proposer ses services de traductrice sur un ton de parfaite humilité, proche de la flagornerie. Peut-être a-t-elle compris que faire peur à sa mère est le seul moyen d'être un peu tranquille ? Pour d'autres biographes, l'affaire est claire : Ada prenant ses distances avec sa mère, Annabella lui a « lancé une bombe[2] » nommée Medora. La santé d'Ada ne s'en remettra pas.

Pendant ce temps, Babbage continue son grand œuvre : le moteur analytique. En 1840, il est à Turin pour donner des conférences sur le sujet. Un jeune ingénieur (et futur ministre), nommé Luigi Menabrea, est enthousiasmé. Il rédige en français une description du moteur analytique, qui satisfait son inventeur. Elle est illustrée de dessins, réalisés par Babbage lui-même, qui représentent les instructions à donner à la machine à l'aide de cartes perforées : les diagrammes. Ils seront un jour rebaptisés programmes. La descrip-

1. *Ecce homo,* Friedrich Nietszche, trad. Henri Albert, Mercure de France, 1908.
2. *Untangling the Tale of Ada Lovelace,* Stephen Wolfram, wired.com, 10 décembre 2015.

tion de Menabrea est publiée à l'automne 1842. Ada la traduit en anglais dans la foulée, sans en changer une virgule. Début 1843, la description dans sa version anglaise est sur le point d'être publiée – mais écoutons plutôt Babbage : « La défunte comtesse de Lovelace m'informa qu'elle avait traduit le mémoire de Menabrea. Je lui demandai pourquoi elle n'avait pas écrit elle-même un article original sur un sujet qu'elle connaissait si bien. Lady Lovelace répondit que l'idée ne lui en était pas venue. Je lui suggérai alors d'ajouter des notes au mémoire ; elle accepta immédiatement[1]. » Ada se met au travail.

Elle rédige des notes « qui clarifient, étendent et parfois corrigent l'original [...], rassemblées et isolées de la traduction[2] ». Bref, elle écrit un article, sous forme de notes de la description de Menabrea, qui représente deux fois le volume de la description de Menabrea. Que contient-il, cet article ? La note A contient une vision, qu'Ada appelle la « science poétique[3] » : « La machine analytique tissera des motifs algébriques comme les métiers de Jacquard tissent des fleurs et des feuilles[4]. » Pour Ada, le moteur analytique sera un jour capable de libérer les symboles

1. *Passages from the Life of a Philosopher,* Charles Babbage, Ed. Longman Green & Co, 1864, p. 136.

2. Dorothy Stein, *op. cit.*, p. 123.

3. Stephen Wolfram, *op. cit.*

4. *Sketch of the Analytical Engine Invented by Charles Babbage, Esq., by L.F. Menabrea, With notes upon the Memoir by the Translator AAL, Taylor's Scientific Memoirs*, volume 3, 1843, p. 722.

algébriques de leur valeur numérique ; de transcender les nombres pour accéder à un espace mathématique pur. « Il nous paraît évident que, les opérations étant indépendantes les unes des autres, il serait facile, grâce à quelques modifications apportées au mécanisme, d'obtenir une double série de résultats : 1, des valeurs numériques issues des opérations effectuées sur les données numériques – 2, des résultats symboliques[1]. » Elle songe même aux « notations symboliques quelles qu'elles soient – musicales », par exemple. « La machine pourrait composer des morceaux de musique de n'importe quel degré de complexité[2]. » Et pourquoi pas « la parole, la logique[3] » ? Ada va encore plus loin et établit un parallèle entre le moteur analytique et le fonctionnement cérébral : « La machine analytique n'occupe pas le même terrain qu'une simple machine à calculer. Elle occupe une position à part. Elle combine des symboles en séquences d'une variété et d'une étendue illimitées, et par conséquent, on peut établir un lien entre ces opérations matérielles et les processus mentaux[4]. » Fidèle aux principes de Babbage, elle explique que le moteur analytique est « prévu pour être programmable, et capable de modifier son action selon les résultats des calculs[5] ». De là, elle tire un principe essentiel : « L'objection de Lady Love-

1. *Ibid.*, p. 694.
2. *Ibid.*, p. 701.
3. *Ibid.*, p. 701.
4. *Ibid.*, p. 702.
5. *Ibid.*, p. 702.

lace » (nom donné par Alan Turing dans son célébrissime article de 1950 qui fonde ce qui deviendra l'Intelligence artificielle[1]). Ce principe est simple : l'ordinateur ne crée rien. « Le moteur analytique n'a aucune prétention à créer quoi que ce soit. Il peut faire tout ce que nous lui ordonnons de faire. Il peut effectuer une analyse, mais il n'a pas la capacité de créer des relations analytiques ou des données mathématiques. Cependant, il est certain qu'il exercera une influence sur la science elle-même, et qu'il en sera influencé à son tour[2]. » Ada estime que les formules mathématiques, une fois mises sous une forme calculable, bénéficieront d'un nouvel éclairage permettant de mieux les comprendre. Ada voit le moteur analytique comme un moyen de percer les secrets des mathématiques par la force brute. Susceptible d'aller plus vite et plus loin que ne le pourrait un être humain armé de ses seules ressources, il ouvrira peut-être, au bout de son voyage, des portes dont nul ne soupçonnait l'existence. On retrouve cet émerveillement, de nos jours, devant l'Intelligence artificielle ou le *big data*. Ainsi, dans *La Littérature au laboratoire*, Franco Moretti (professeur au Stanford Literary Lab) écrit en 2016 : « Au fil de leurs expérimentations, les nouvelles technologies ont changé de

1. « Computing Machinery and Intelligence », Alan Turing, in *Mind,* 1950.

2. *Sketch of the Analytical Engine Invented by Charles Babbage, Esq., by L.F. Menabrea, With notes upon the Memoir by the Translator AAL, Taylor's Scientific Memoirs,* volume 3, 1843, p. 702.

statut : elles devaient rendre possible la vérification à très large échelle d'hypothèses audacieuses ; elles ont fini par défier les concepts mêmes qui entrent dans la formulation de ces hypothèses[1]. » Étrange résonance entre deux nouvelles technologies que deux siècles séparent. Ada réalise là ce que Babbage, obnubilé par les détails matériels, n'a pas fait : un saut conceptuel. Agissant comme une focale panoramique, Ada place le travail de Babbage « dans un cadre conceptuel plus large sur lequel elle espérait qu'on pourrait bâtir[2] ».

Que pense Babbage de tant d'enthousiasme ? Il est ravi. Il trouve la note A d'Ada tout simplement admirable et veut publier tout son article dans une revue scientifique de prestige, en même temps que la description de Menabrea. Mais Ada ne se contente pas d'avoir des visions, fussent-elles prophétiques. Elle met aussi ses visions au net et invente dans sa note G les premiers outils informatiques. L'informaticien Philippe Guglielmetti explique, dans son blog *Pourquoi comment combien,* qu'« une idée fondatrice de la programmation, c'est de pouvoir coder “répète 123 fois ceci”, et que la machine ait un moyen de compter jusqu'à 123, ce qui implique l'existence d'une mémoire dont le contenu est modifié par les instructions du programme. Comme l'a très bien exprimé Alan Perlis [un informaticien américain] : “Un programme sans boucle et sans structure de données ne

1. *La Littérature au laboratoire,* sous la dir. de Franco Moretti, trad. Valentine Lëys, Ithaque, 2016.
2. Stephen Wolfram, *op. cit.*

vaut pas la peine d'être écrit." Alors, qui a écrit le premier programme valant la peine d'être écrit, la première boucle ? C'est Augusta Ada King, comtesse de Lovelace. [...] La fameuse "note G" montre clairement qu'elle a inventé les notions de variables et de boucles [qu'elle appelait cycles] en programmation. Et accessoirement, que madame Lovelace commentait son code en prose intelligible, une habitude qui se perd[1] ». Elle élabore aussi, dans la foulée, le concept de sous-programme, « suite d'instructions qui exécute une tâche spécifique, et qui peut être reprise par un programme plus vaste[2] ». Elle en profite pour imaginer une bibliothèque de sous-programmes, qui sera un jour appelée bibliothèque logicielle par tous les programmeurs, et qui est une sorte d'entrepôt de pièces détachées pour monter des programmes.

Mais qu'est-ce que la « fameuse note G » ? C'est la partie de l'article d'Ada qui traite des nombres de Bernoulli. La définition la plus claire que j'ai pu trouver des nombres de Bernoulli est dans l'*Encyclopaedia universalis*. Elle explique que les nombres de Bernoulli sont « une suite de nombres rationnels reliés à l'expression de la somme des puissances énièmes des k premiers entiers ». Le mathématicien André Joyal ajoute : « Les nombres de Bernoulli sont parmi les objets les plus fascinants des mathématiques[3]. » La

1. *La Première Boucle*, Philippe Guglielmetti, drgoulu.com, [en ligne] 26 juin 2016.

2. Walter Isaacson, *op. cit.*, p. 61.

3. *Les nombres de Bernoulli*, André Joyal, Camp mathématique de l'AMQ, 2003.

suite est obscure pour les non-mathématiciens[1]. Il s'agit, en tout cas, de nombres à calculer, ce qui est l'affaire du moteur analytique. Babbage écrit que tous les calculs exposés dans les notes d'Ada ont été réalisés par Ada, « excepté, à la vérité, celui qui porte sur les nombres de Bernoulli, que j'avais offert de rédiger moi-même pour en éviter l'ennui à Lady Lovelace[2] ». Ce que conteste Dorothy Stein dans sa biographie d'Ada : « Affirmation peu vraisemblable puisque nombre de lettres témoignent du temps et de la peine que causait [à Ada] cet exemple des possibilités de la machine[3]. » Ada travaille d'arrache-pied sur Bernoulli, oscillant entre exultation et désespoir, jurant mais un peu tard qu'on ne l'y reprendrait plus. Son époux, lui aussi, s'exaspère et l'exaspère. Il en est même réduit à lui servir de secrétaire et à repasser à l'encre la célèbre figure « Table et diagramme » de la note G ; le premier programme jamais écrit. Il s'agit d'« une table et un schéma montrant exactement comment l'algorithme serait introduit dans la calculatrice, pas à pas, avec deux boucles récursives. C'était une liste numérotée d'instructions d'encodage qui comprenait des registres de destinations, des opérations et un commentaire – présentation qui serait

1. Jacques Bernoulli (1654-1705) a cherché des formules pour exprimer les sommes de k puissance m, k allant de 0 à n-1 sous la forme (0 puissance m) + (1 puissance m), etc., jusqu'à (n-1 puissance m) pour différentes valeurs de l'entier m.

2. *Passages from the Life of a Philosopher,* Charles Babbage, Ed. Longman & Green, 1864, p. 136.

3. Dorothy Stein, *op. cit.*, p. 138.

familière à quiconque écrit aujourd'hui du code en langage C++[1] ». Créé au début des années 1980, le C++ est un des langages de programmation les plus utilisés de nos jours. La formalisation imaginée par Ada irrigue encore aujourd'hui nos serveurs.

Une fois la totalité de l'article terminé, Ada se relit et exulte : elle trouve sa prose purement géniale, avec une absence de modestie qui repose de toutes les Somerville. Elle admire son style puissant, la pertinence de sa pensée et la finesse de son humour. Pour la première fois de sa vie, elle éprouve une montée de satisfaction narcissique qu'elle assimile à de l'amour maternel (Freud *like this*). Elle compte absolument sur son article pour lancer sa carrière scientifique. Mais ce dont elle rêve, ce n'est pas de décrocher un poste chez IBM : c'est de se colleter aux dieux de la science, et de leur voler sa part d'immortalité. Elle se donne dix ans pour y arriver. Hélas, dix années ne s'écouleront pas.

Babbage, de son côté, fidèle en cela à la mentalité du temps, n'hésite pas à s'approprier le travail d'Ada. Ou, du moins, il essaie avec un grand naturel. Mal lui en prend : Ada est peut-être une femme, mais elle est au sommet de la chaîne alimentaire, et la fille de ses parents, qui ne sont pas commodes. Sitôt que Babbage modifie une virgule, elle pousse les hauts cris : elle ne supporte pas que qui que ce soit touche à ses phrases, le dit sans ambages et traite même Babbage

1. Walter Isaacson, *op. cit.*, p. 62.

de brouillon. Elle sauve ainsi son article de l'appropriation par autrui. De l'importance d'avoir mauvais caractère pour passer à la postérité.

Le travail commun d'Ada et de Babbage, c'est le choc de deux égotismes. Babbage bricole son moteur tout en comptant, de façon annexe, sur la publication de l'article d'Ada dans une revue scientifique prestigieuse pour en faire la promotion. Ada, elle, ne conçoit même pas que son article ne soit pas le cœur des préoccupations de Babbage. Quand vient enfin le moment de publier, c'est Babbage qui mène la danse et rencontre des directeurs de revues scientifiques. Ada est cantonnée à sa table de travail, écartée par son genre de tout contrôle sur les aspects éditoriaux de l'affaire. Elle n'a même pas le loisir de signer son article ; son propre nom ne lui appartient pas. En juillet 1843, son mari décide qu'elle signera de ses initiales. Elle est bien obligée de s'en contenter.

En attendant la publication, elle s'agace de la façon dont Babbage gère l'aspect matériel des choses. Peu soigneux, il en arrive même à perdre chez l'imprimeur la fameuse figure « Table et diagramme » de la note G. Ada est furieuse, et lui reproche son insouciance. Mais ce n'est pas de l'insouciance. C'est qu'Ada, enfermée dans son gynécée, n'a rien d'autre à faire qu'à tourner monomaniaque. Alors que Babbage a une vie sociale, lui. Il mène mille projets en même temps. S'il œuvre à la publication de l'article d'Ada, c'est avant tout pour se créer une occasion de faire passer un message auprès de la communauté scientifique : il a besoin de subsides pour construire son moteur analytique. Et, comme il est Babbage, il a aussi besoin d'accompagner sa demande de toutes sortes de reproches. Il en veut notamment au gouvernement d'avoir mal traité son précédent moteur, le moteur à différences. En clair, Babbage court après les subventions, à sa manière pleine de reproches. De cet invariant de la recherche universitaire, la quête de fonds, Ada n'a pas la plus petite idée. Babbage le lui explique, mais Ada se moque de la réalité. Elle lui répond qu'elle n'a pas le goût à s'immiscer dans des détails vulgaires. Qu'à cela ne tienne : Babbage se charge d'écrire le message de reproche en question, et propose de l'insérer dans l'article d'Ada. Ada est alors plongée dans la correction des épreuves de son article et, suivant une longue tradition littéraire, vitupère contre les imprimeurs. Elle accepte à demi la proposition de Babbage, mais voilà, patatras ! que c'est l'éditeur lui-même qui renâcle à insérer le message de reproche dans sa revue. Vexé, Babbage décide d'annuler purement et simplement toute la publication. Il demande son avis à Ada – avec le succès que vous imaginez. La suite est racontée de façon délicieuse par Dorothy Stein : « Il fut étonné et consterné de recevoir un refus indigné[1]. » Dégoûté, Babbage accepte, en rechignant, la publication de l'article d'Ada débarrassé de son message de reproche.

Ada fulmine contre Babbage et le traite de divers noms d'oiseaux. Mais elle a besoin de lui. Alors, elle s'imagine qu'il a besoin d'elle. Elle décide de lui

1. Dorothy Stein, *op. cit.*, p. 146.

proposer un drôle de marché : qu'elle devienne son directeur d'études, et lui, son professeur Tournesol. Qu'il se consacre à la création – elle se chargera du reste. Elle rêve de faire construire le moteur analytique et, tout au long du processus, de mener Babbage à la baguette, exactement de la même façon qu'Annabella la menait, elle, dans son enfance. Bien sûr, elle ne présente pas la chose comme ça à Babbage – mais presque. Elle lui écrit une longue lettre embrouillée, pleine de propos offensants, qui termine par une tentative de vol qualifié : elle propose de mener toute l'affaire elle-même, au nom de Babbage. En échange, celui-ci pourra disposer de son cerveau à elle. Mais Babbage n'est pas un enfant sans défense. Laconique, il note en haut de la lettre d'Ada qu'il a refusé en bloc la proposition.

L'article d'Ada, « Sketch of the Analytical Engine Invented by Charles Babbage, Esq., by L.F. Menabrea, of Turin, Officer of the Military Engineers, With notes upon the Memoir by the Translator AAL », article 29 du *Taylor's Scientific Memoirs*, volume III, paraît enfin en septembre 1843. Le message de reproche de Babbage sort un mois plus tard, dans une autre revue. Ada note, avec un soupir de satisfaction, que tout est bien qui finit bien. Ce qui est aussi fini, c'est la collaboration avec Babbage et, avec elle, le libre exercice de l'imagination, le plaisir de l'émulation intellectuelle et la transcendante satisfaction du travail accompli.

Les ailes meurtries

Nous voilà fin 1843. Ada a vingt-huit ans, et mille projets en tête. Il faut comprendre qu'elle vit à l'« Ère de l'émerveillement[1] », comme l'appelle Richard Holmes. La société anglaise découvre les sciences et les trouve follement romantiques. D'après Holmes, l'« idéal commun [est] un engagement personnel intense et même téméraire dans la découverte[2] ». Les différentes branches du savoir que nous connaissons sont encore enchevêtrées et forment une pelote en vive expansion. C'est un moment de spéculations échevelées et de trouvailles parfois fortuites, où les amateurs éclairés côtoient les professionnels sans aucune vergogne, où un ouvrier graveur lit le cunéiforme assyrien mieux que quiconque, et où un physicien génial comme Faraday peut encore se permettre de ne pas parler un mot de mathématiques.

1. *The Age of Wonder,* Richard Holmes, Ed. Harper & Collins, 2008, p. XVI.
2. *Ibid.*, p. XVI.

Le premier projet d'Ada est la poursuite et l'élargissement de sa collaboration avec Babbage. Car, dans sa rupture avec elle, Babbage fait preuve d'une inhabituelle diplomatie. Il lui rend visite et lui adresse des lettres mielleuses dans lesquelles il l'appelle l'« Enchanteresse des Nombres[1] », surnom qui lui restera. C'est au point qu'Ada ne remarque pas, tout d'abord, qu'ils ne travaillent plus ensemble. La réalité ? Non, merci. Pendant toute l'année qui suit la parution de l'article, Ada et Babbage discutent de sa diffusion. Puis, entre 1844 et 1849, ils échangent au sujet d'un mystérieux livre – probablement un développement de l'article. Il ne verra jamais le jour.

Ada travaille aussi à faire connaître l'article par ses propres moyens. Elle le distribue au ban et à l'arrière-ban de son cercle social. On la comble de félicitations étonnées, chacun selon son génie personnel. Annabella, qui ne dépasse toujours pas son traumatisme, se félicite de passer du statut d'épouse d'un Byron célèbre à celui de mère d'une Byron célèbre. Somerville, fidèle à elle-même, congratule Ada, lui recommande de se montrer très reconnaissante envers Babbage et, enfin, lui conseille de ne pas trop travailler, pour ménager sa santé. Quant à William, il exulte. Il répand l'article auprès de tous ses amis, ravi de pouvoir leur expliquer que, non, sa femme n'est pas folle : elle est *geek*. Ada le prend avec philosophie. Après tout, la geekitude lui paraît, à elle aussi, assez *ladylike*.

1. Charles Babbage, *op. cit.*, p. 137.

À côté de Babbage et de ses moteurs, Ada cherche d'autres sujets d'articles critiques. Elle songe à traduire une publication d'Ohm (un physicien allemand spécialiste de l'électricité), une de Seebeck (un autre physicien allemand sévissant dans le même domaine), et à casser Whewell – un philosophe minéralogiste, on ne sait trop pourquoi Ada lui en veut. Elle a aussi l'ambition de développer ses propres recherches et tâtonne pour délimiter son sujet. Sur un plan philosophique, elle réfléchit à ce que peut être l'imagination, et à son importance dans les découvertes scientifiques. Poussant plus loin, elle rêve de réduire l'art de la découverte à un mécanisme simple, ce qui la conduit, concrètement, à s'intéresser au fonctionnement du cerveau, vaste programme. Son but est de mettre en équation les phénomènes cérébraux – en commençant par les siens. Elle ne voit pas pourquoi le cerveau ne pourrait pas être réduit à quelques axiomes simples grâce aux mathématiques. Mais il lui faut d'abord en apprendre un peu plus sur le système nerveux. Elle s'intéresse aux toxiques et potasse un moment un *Traité des poisons*. Elle se penche aussi, avec un intérêt croissant, sur l'électricité, cette fée toute neuve, et sur les liens entre celle-ci et la chair : est-ce que l'électricité ne serait pas le lien ultime qui unit la volonté de l'esprit à l'action, au sens strictement musculaire du terme ? Ce qui la lance sur la piste d'un expérimentateur susceptible de lui montrer comment électriser des muscles de grenouilles.

En 1844, admettant quand même un certain éloignement de la part de Babbage, elle cherche un nouveau collaborateur. Elle croit le trouver en Faraday. Cet oiseau rare, autodidacte génial, d'une humilité somervillienne, éprouve « un plaisir quasi pervers en constatant qu'il pouvait faire des découvertes scientifiques, aussi bien sinon mieux, sans aucune formule mathématique ou chimique[1] ». On lui doit des travaux fondamentaux dans le domaine de l'électromagnétisme et de l'électrochimie, d'innombrables lois Faraday, sans oublier l'effet Faraday, la cage de Faraday, la cavité de Faraday et l'unité de capacité électrique *farad.* En plus, il est beau comme un dieu. Hélas, il s'est empoisonné tout seul dans son laboratoire, à force de tripoter du mercure, respirer de l'acide fluorhydrique, dériver du benzène et faire exploser des cornues. Le bel oiseau mazouté refuse l'invitation d'Ada dans des termes touchants : « Je ressens le déclin de mes forces et je suis obligé de réduire constamment mes projets, de me fermer à des recherches. J'ai encore, devant moi, en pensée, beaucoup de belles découvertes que j'aurais voulu mener à bien et qui me tiennent à cœur ; mais j'ai perdu tout espoir de les réaliser[2]. » Il y ajoute une couche de compliment, qualifiant Ada d'« étoile montante de la science[3] ». Cela dit, il survivra vingt-trois ans à ce désespoir-là.

1. Dorothy Stein, *op. cit.*, p. 163.

2. *The Life and Letters of Faraday,* H. Bence-Jones, Ed. Longmans, 1870, vol. II, p. 168.

3. *Untangling the Tale of Ada Lovelace,* Stephen Wolfram, wired.com, 10 décembre 2015.

Certains des amis d'Ada, qui doivent aussi abuser du laudanum, ont des vues étranges sur elle et la suite de sa carrière scientifique : ils envisagent de lui faire rencontrer le prince Albert, le mari tout neuf de la jeune reine Victoria. Leur but ? Attirer l'attention du pouvoir sur la science. Le rôle dans lequel ils voient Ada ? Celui d'une conseillère scientifique, qui pourrait influencer Sa Majesté sans risquer sa tête ou, du moins, sa place dans le *monde*. Comme le déplore Dorothy Stein : « Il est regrettable, pour le biographe, que rien ne sortît, finalement, de ce projet de déposer Ada sur le passage du prince[1]. » Ada, qui n'a pas une haute opinion de l'intellect princier, aurait probablement taillé en pointe les oreilles d'Albert, comme elle l'avait fait à celles de Babbage – mais, peut-être, moins impunément.

Parmi les innombrables centres d'intérêt d'Ada figure l'occultisme. Rien d'original là-dedans : c'est une véritable épidémie dans la bonne société. On se passionne pour le somnambulisme, la double vue, le spiritisme, l'astrologie, les tables tournantes (élégamment rebaptisées psychocinétique), la phrénologie (étude des bosses du crâne) et le mesmérisme, une forme archaïque d'hypnose médicale avec beaucoup d'accessoires et de falbalas, elle aussi rebaptisée, pour plus de sérieux, électrobiologie. Ada s'intéresse particulièrement à cette dernière, pour une raison simple : depuis 1841, sa santé, qui n'a jamais été fameuse, est devenue catastrophique. En 1844, elle dit son

1. Dorothy Stein, *op. cit.*, p. 161.

impression d'avoir été *mesmérisée*. Plus que d'hypnose, il s'agit, dans son cas, d'un soupçon d'envoûtement maléfique. Mais, ayant étudié le mesmérisme de plus près, Ada prend de la distance avec lui – peut-être parce qu'Annabella en raffole. Elle en vient à conclure que c'est du pur charlatanisme. En clair, elle utilise ses nouveaux outils scientifiques pour couper le cordon et s'élancer vers le monde extérieur.

Car sa réputation toute fraîche de scientifique apporte à Ada, entre autres bienfaits, de nouvelles relations sociales. Par exemple, en novembre 1844, désireuse de mener à bien ses expériences sur l'électricité et les grenouilles, elle réussit à se faire inviter pour une semaine chez un voisin, Andrew Crosse. Le vieux Crosse est un *Babbage-like :* un gentleman scientifique aigri et un expérimentateur chevronné. Il accueille Ada dans son sublime cottage rempli de piles voltaïques et de grenouilles : Fyne Court. Sublime, mais pas très confortable. Le chauffage y est inexistant, les repas erratiques, et l'accès aux toilettes aléatoire. Ada raconte avec humour ses aventures à son mari, qui est resté à Londres et suit ses tribulations de loin. Transie et affamée, Ada se montre cependant ravie de l'affaire : la nourriture intellectuelle servie à Fyne Court la fait passer sur tout. Ses hôtes veillent une bonne partie de la nuit pour philosopher et Ada adore ça, surtout quand ladite philosophie sort de la belle bouche du fils de la maison : John Crosse. Il a trente-quatre ans, elle en a vingt-huit, et la liberté lui va à ravir.

Les premières lettres d'Ada concernant John Crosse sont des chefs-d'œuvre d'aveuglement. Pour elle, ils ne sont tous deux que de purs esprits qui échangent de hautes considérations. Entre ces deux évanescences naissent des rêves de voyage – pour le bien exclusif de la science, naturellement. John Crosse affirme à Ada qu'en Allemagne les livres scientifiques se vendent très bien. Il lui promet de lui rapporter de Berlin toutes sortes d'ouvrages, Ada parlant presque parfaitement l'allemand. Une fois mise au courant de l'activité scientifique en Allemagne, elle s'imagine y publiant ses propres œuvres et faisant fortune, ainsi que de beaux voyages. Bref, elle rêve tout haut de filer à l'allemande et/ou de devenir riche. (Ses soucis d'argent deviendront peu à peu lancinants.) En attendant l'Allemagne, elle savoure chaque seconde à Fyne Court. Elle le fait tantôt avec une hypocrisie de bon ton – elle se voit obligée de revenir régulièrement chez les Crosse, pour le bien de sa carrière –, tantôt avec une candeur qui ne doit pas réjouir le cœur aimant de son mari quand elle lui affirme qu'elle se sent, à Fyne Court, enfin délicieusement libre. William ne doit donc pas s'étonner quand elle lui demande si elle peut allonger son séjour. Mais, soit son époux se lasse de lire des pages de compliments au sujet du jeune Crosse, soit la famille Crosse ne renouvelle pas son invitation, toujours est-il que la prolongation ne se fait pas. Ada rentre au bercail, lentement et péniblement.

Sitôt chez elle, Ada tire de nouveaux plans pour revoir John Crosse et les expose benoîtement à son mari. Il s'agirait, tout simplement, d'inviter le jeune homme à résider quelque temps chez eux. Le vieux Crosse et ses grenouilles, eux, sont passés à la trappe. Dorothy Stein, qui, pour voir les choses de plus loin, les voit plus claires, résume la situation : « Dix ans auparavant, Ada avait tenté de fuir avec son jeune répétiteur vers la maison familiale de celui-ci ; cette fois, elle projetait d'installer son nouveau répétiteur dans sa propre maison[1]. » La chose ne se fait pas, bien sûr. En tout cas, pas l'installation. La liaison est plus avérée. Hélas, les oreillers ne sont pas causants, surtout quand ils sont anglais, et les lettres anglaises sont désespérément inflammables. Il ne reste presque rien de la correspondance entre John Crosse et Ada. Au fond, c'est le seul véritable aveu que nous possédons.

Ce n'est pas la première fois qu'Ada flirte avec un homme ; elle semble d'ailleurs plus à l'aise avec eux qu'avec les femmes. Elle n'a que peu d'amies – Florence Nightingale, la célèbre inventeuse de l'hôpital moderne, en fait partie. En 1841, par exemple, Ada reçoit une déclaration de la part du fils Somerville, Woronzow, qui lui écrit un billet humide. La même année, le docteur James Phillips Kay lui envoie une lettre mi-figue, mi-raisin vert, dans laquelle il vante sa beauté et lui reproche sa coquetterie. Visiblement, Ada a snobé le docteur Kay, et il n'a pas apprécié.

Ce qui importe, c'est qu'en 1844 Ada entame avec John Crosse une collaboration scientifique qui don-

1. Dorothy Stein, *op. cit.*, p. 184.

nera quelques résultats. Déjà, elle commence son essai sur la structure moléculaire de la matière. Elle fait aussi, en 1846, le compte rendu d'un article : « Abstract of "Researches on Magnetism, and on Certain Allied Subjects", including a supposed new Imponderable », signé par le baron von Reichenbach[1], un chimiste allemand, inventeur de la paraffine et de la créosote. Elle y esquisse un projet de recherche en réseau très moderne, en proposant aux amateurs et amatrices de sciences de mener des recherches de leur côté, puis de les rassembler pour en tirer un résultat commun. Ce n'est pas le seul éclair de clairvoyance prophétique qui traverse son article, puisqu'elle insiste sur le rôle que la photographie sera probablement amenée à jouer dans les recherches scientifiques. Hélas, rien de tout cela n'est publié. Il faut dire qu'un chercheur ne peut avancer que juché sur les épaules de ses prédécesseurs, ce qui signifie, concrètement, que l'accès à la documentation est primordial. Or, les femmes ne sont pas admises dans les bibliothèques scientifiques – en tout cas, pas dans celle de la Royal Society, qui est ce qui existe alors de mieux en la matière. Ada s'en plaint, cherche des solutions et n'en trouve pas. Quels que soient les travaux qu'elle envisage, elle ne peut pas les faire seule. Or, elle est seule.

1. « Résumé de "Recherches sur le magnétisme et autres sujets connexes" comprenant un supposé nouvel Impondérable », baron von Reichenbach, traduit et résumé par William Gregory, M.D., F.R.S.E, M.R.I.A., professeur de chimie, in *The Phrenological Journal and Magazine of Moral Science*, volume 19, Ed. Taylor & Walton, 1846.

Puisque nous sommes en 1846, profitons-en pour jeter un œil à Ada à travers les yeux de Hobhouse, qui dîne à côté d'elle par un doux soir de juin de cette année-là. Car Ada, comme tous les gens de sa caste, a une intense vie sociale : elle reçoit beaucoup chez elle et court les dîners en ville. Sauf que, au lieu de traquer les *socialites*, Ada « s'entourait de beaux esprits et recevait fréquemment des savants[1] », ce qui lui vaut une réputation d'excentrique, au mieux. « Au dîner, raconte Hobhouse, j'étais placé à côté de Lady Lovelace. La pauvre femme semble au plus mal[2]. » Pourtant, en ce mitan des années 1840, et malgré sa petite santé, Ada est pleine d'enthousiasme et d'une confiance entière en ses moyens intellectuels. Elle est certaine d'arriver à se faire une place au soleil de la science et, même dans le cas contraire, elle estime que, au moins, elle se sera bien amusée. Une attitude terriblement byronienne.

En 1847, le mari d'Ada se lance à son tour dans la rédaction d'articles sérieux – une carrière qui lui plaira deux ans. En 1848, il commence à écrire un ouvrage d'agriculture ou, plus exactement, le compte rendu d'un livre d'un auteur français sur les liens entre récolte et climat[3]. Ada est invitée à annoter le

1. Jean-Paul Soyer, *op. cit.*
2. John Cab Hobhouse, *op. cit.*, p. 258.
3. « On climate in connection with husbandry: with reference to a work entitled *Cours d'agriculture*, par le comte de Gasparin, pair de France », William King-Noel, Earl of Lovelace, *Journal of the Royal Agricultural Society,* 1848.

texte. Elle y ajoute deux notes de bas de page, des notes mathématiques et techniques, bien sûr. Et, car c'est sa nouvelle et prophétique marotte, elle conclut que l'auteur a, de façon regrettable, négligé l'apport que la photographie aurait pu faire à son étude.

Le compte rendu de William, avec des notes signées AAL, est publié en décembre 1848 dans le *Journal of the Royal Agricultural Society.* Avec affection et condescendance, Ada loue la plume de son époux. Cela dit, la publication de ses notes n'inspire pas à Ada le quart de la moitié de l'enthousiasme qu'elle montrait en 1843. Depuis, elle a découvert l'amour, ce qui n'est pas rien. Et maintenant, elle découvre les prémices de la crise d'adolescence en trois exemplaires, ce qui fait beaucoup. Car ses enfants, Byron, Annabella et Ralph, franchissent l'un après l'autre le cap des dix ans et ne semblent pas vouloir s'en tenir là.

L'aîné, baptisé Byron, sera renommé Ockham. C'est un titre auquel il a droit, certes, mais ce n'est pas un hasard. Sa mère aussi, en son temps, a été dépossédée de son prénom – Augusta. Envie de revanche ou désir de fuite ? Byron-Ockham choisit très tôt la voie la plus répugnante qui soit aux yeux de ses parents : il rejette sa *lorditude.* Il ne se sent d'affinité qu'avec ce que la *gentry* anglaise appelle, en soupirant de dégoût, les « travailleurs manuels », les *mechanicals* de Shakespeare ; l'infamante roture. Dorothy Stein note drôlement : « À l'âge de cinq ans, il n'avait pas la moindre idée de ce qu'était le rang social ou la dignité attachée aux titres de noblesse[1]. » À cet âge-là, c'eût pu être une passade. Ce sera un destin. Même l'écrasante pédagogie de sa grand-mère Annabella Senior, chez qui il est envoyé se faire éduquer, ne parvient pas à corriger Ockham. Il reste triste, silencieux et politiquement contrariant. Au physique, il a l'allure de son moral : *unlordlike*. Annabella Senior, pour l'occasion, se transforme en mamie gâteau et prend sa défense – une mère abusive peut faire une grand-mère exquise, ne serait-ce que pour contrarier sa fille. Quand Ockham atteint ses onze ans, ses parents le vouent à la marine, comme ils l'auraient envoyé au couvent s'il avait été une fille : c'est loin de tout, les occasions de causer du scandale y sont rares, et ça lui fera les pieds. Le petit Ockham ne se sent aucune vocation pour la mer ; il embarque quand même, à treize ans, en 1849.

Pourtant, un an plus tôt, William se faisait du souci pour Ockham, révélant à cette occasion une réelle affection paternelle. Il avait même fait l'effort d'engager avec son fils une conversation qui s'était révélée prometteuse. Ensemble, ils avaient parlé politique, histoire, gouvernement, peuple, éducation, de façon fructueuse : William s'était montré attentif, et Ockham, intéressé. Mais ce père inquiet n'a pas eu le génie d'en tirer les conclusions qui s'imposaient. Il s'est contenté de conclure platement que, avec son manque d'élégance physique, son fils ferait, après tout, un fort bon marin.

1. Dorothy Stein, *op. cit.*, p. 219.

La cadette, Annabella Junior, n'a pas non plus la tâche filiale facile. Quand elle mouille son lit, on lui donne des gifles – sa grand-mère préconise le fouet. Quand elle refuse de manger, on lui enfourne son repas dans la bouche. Pour le coup, Annabella Senior s'insurge contre cette violence qui lui paraît dangereuse. Ada, de son côté, trouve que sa fille, alors âgée de cinq ans, est grosse et laide. Elle la compare gracieusement à un pudding. Au moral, la gamine est si grincheuse qu'Ada a des envies de meurtre. Elle essaye : elle donne à Annabella Junior un puissant laxatif, le calomel, à base de chlorure de mercure – un toxique redoutable. La petite en réchappe. De guerre lasse, Ada la confie à son tour à Annabella Senior.

L'adolescence d'Annabella Junior, cependant, amène Ada à s'identifier peu à peu à cette nouvelle aube d'elle-même. Elle se prend à espérer que sa fille n'aura pas, comme elle, à gâcher son génie dans des tâches domestiques et tente, avec quelque succès, de lui donner des leçons de science et de musique.

Le benjamin, Ralph, inspire moins d'exaspération à ses parents. Ses aînés étant, l'un démocrate, l'autre fille, il est même considéré comme génial, ce qui n'est pas très confortable. On l'isole et on l'assomme de cours innombrables. À l'âge de neuf ans, il va lui aussi vivre chez sa grand-mère, Annabella Senior. C'est qu'Annabella Junior, dûment éduquée, vient de rentrer au bercail ; la place est libre. Visiblement, dans ce milieu, il est d'usage de séparer les fratries, pour éviter que les enfants ne s'amusent trop ensemble.

Ralph ne gardera pas une bonne opinion de son éducation parentale, ni de sa mère. Pourtant lui aussi éveille, à l'adolescence, une réelle sympathie chez Ada. Elle le trouve même adorablement viril.

William remarque avec satisfaction que ses trois enfants reviennent de chez Annabella Senior plus dociles qu'ils n'y étaient arrivés. Au cours de leur enfance, aucun d'entre eux n'a eu l'occasion d'acquérir une grande affection pour leur mère, c'est une chose entendue. Ce qui est plus étrange, c'est qu'ils détestent carrément leur père. Pourtant, William est confit de bonnes intentions : à l'instar d'Ada, il tente de donner des leçons de français à Ockham et à Annabella Junior. Il y consacre deux fois vingt minutes par jour. Hélas, il les passe essentiellement à crier. Les enfants, on s'en doute, ne lui en ont aucune reconnaissance. Et Ada, qu'éprouve-t-elle pour lui ? Au bout de dix ans de mariage, en 1845, elle tire un bilan en quart de teinte : William lui a donné un statut social, et c'est tout le bien qu'elle parvient à en dire. Elle le surnomme le Corbeau[1] et le considère un peu comme un fils, une place qui n'est pas bon signe dans le ciel d'Ada. La vérité ? C'est un homme violent. Il tabasse et sa femme, et ses enfants. Ada

---

1. Et lui la surnomme la Grive. Il est d'usage, dans la bonne société du début du XIXe siècle, de se donner des noms d'oiseaux. Byron appelle Augusta l'Oie, tandis qu'Annabella donne du Canard à son mari.

évoque même une tentative de meurtre, tout uniment, et affecte d'en rire. Ockham, Annabella Junior et Ralph n'ont pas saisi l'humour.

La fin des années 1840 est marquée, chez Ada, par un dur constat d'échec. Cette humeur sombre contraste avec son impatience de 1842, quand elle sentait en elle tant de force qui cherchait à s'exprimer, ainsi qu'avec son enthousiasme byronien du milieu de la décennie. Cinq ans après l'article, Ada n'a rien écrit de mieux, son quotidien est sordide et sa santé achève sa course.

Les ailes brisées

En ces temps lointains, l'homme décide (de se ruiner, le plus souvent), la caravane suit bon gré, mal gré. Dès 1846, William se lance dans le gothique flamboyant. Il se fait bâtir un château Tudor dans le Surrey, à East Horsley, au sud de Londres – assez près d'Epsom. Le résultat des ambitions artistiques de William est tout à la fois grandiose et ravissant. Il n'y manque pas une tourelle, un mâchicoulis ni un souterrain, une pelouse, une terrasse, un plan d'eau, un écusson ou un buisson. Par contre, on n'y trouve pas de salle de bains, pas l'ombre d'un tapis sur les sols en ciment, et fort peu de cheminées. Ajoutez à cela le climat anglais, l'humidité de la campagne, et vous aurez une idée de l'enfer que vivent Ada et les enfants. D'autant que William, loin d'être ravi de son œuvre, constate qu'il n'a plus un sou. Il grogne et rogne sur tout. Il ne reste à Ada que ses 300 livres annuelles d'argent de poche. C'est un honnête pactole pour l'époque (James Essinger parle de « l'équivalent de 225 000 livres sterling actuelles[1] », une autre estimation donne entre 30 000 et 42 000 euros). Mais c'est une faible somme si on songe à tout ce que son mari s'est mis dans le gousset en l'épousant, et aux 7 000 livres par an d'Annabella Senior. Ada y songe souvent. Elle demande une rallonge à William, en vain. Il accepte tout juste de financer quelques-unes des indispensables robes de cour. Leur statut social exige ce genre de dépense, car, de temps en temps, Ada se rend au lever de la reine, à St. James's Palace, dans des tenues qui ont les honneurs des journaux. Mais, le reste du temps, le quotidien d'Ada est frugal. Elle fulmine contre son mari et rage encore davantage quand elle pense au décès de sa mère, et à l'héritage fastueux dont William va jouir et dont elle sera absolument exclue. Lasse d'être menée comme un cheval rétif, elle pile net sur le chemin qu'on a tracé pour elle, et le mors lui sort des dents.

Comme le dit Marcel Pagnol : « Les virginités perdues ouvrent parfois les écluses des pires débordements[2]. » Ada est bien décidée à sombrer dans l'inconvenance, la débauche et la misère, comme le craignait le bon docteur King. Reste à choisir comment. Quand il s'agit de mal tourner et de se ruiner, les gens de son époque s'en remettent au jeu, à la fesse ou à l'alcool. Ada n'aime guère boire. Ce sera

1. James Essinger, *op. cit.*, p. 67.
2. *Le Temps des amours,* Marcel Pagnol, Julliard, 1977.

donc, pour commencer, les hommes, ou plutôt un homme, toujours le même : John Crosse.

John Crosse a, sur William, bien des avantages. D'abord, ce n'est pas un mari. Ensuite, il a de l'humour. Enfin, les opinions politiques de John Crosse ne font pas dresser les cheveux sur la tête. Il parle avec lucidité de « ces érudits dont le temps libre est rendu possible grâce au travail et au manque d'éducation de millions d'autres hommes[1] », alors que William écrit sans trembler, en 1848, que « les riches peuvent à l'occasion, comme ça a été le cas pour l'Angleterre, venir en aide à un pays pauvre comme l'Irlande[2] ». Le million de victimes d'*An Drochshaol*, la Grande Famine irlandaise de 1848 orchestrée par l'Angleterre, n'a pas assez vécu pour apprécier.

On ne sait pas quand commence l'idylle entre Ada et John Crosse – pas avant 1844, peut-être un, deux, trois ans plus tard. Étonnamment, Babbage sert de confident à Ada et accepte même de faire passer des messages. On ne sait pas mieux quand la liaison finit ; autour de 1848. Cette année-là, John Crosse s'installe avec une autre femme, une beauté de trente ans, Susan, durement enceinte. Elle accouche en mars d'un petit John Junior. Cela se sait vite – Ada est probablement mise au courant entre 1848 et 1849. Dans dix ans, quelques héritages mettront le ménage

1. *Westminster Review* 44, n°5, 1845, p. 152.

2. « On the Subdivision of Real Property », in *Quarterly Journal of the Statistical Society of London,* novembre 1848, p. 305-322.

Crosse à l'aise. En attendant, il tire le diable par la queue. Sans vergogne, John Crosse fait financer ses nouveaux meubles par sa maîtresse. Dorothy Stein affirme qu'il « se servit de ses relations avec l'une des deux femmes pour entretenir l'autre, avec le consentement de la première ou à son insu[1] ». John Crosse a bien des qualités ; la délicatesse n'en fait pas partie. Ada en finit là avec la débauche.

La luxure, corde bandée de l'arc vengeur d'Ada, vient de lui claquer entre les doigts. Il lui en faut une autre. Le vice du jeu ne présente, pour elle, que des vertus : soit elle gagne, et contourne la pingrerie de son mari ; soit elle perd, et endette son mari. Elle rêve même qu'elle se ruine, que son mari se suicide, et que le tout fait la une des tabloïds. C'est une vision lucide de la situation. Mais elle n'est pas prophétique.

Ada sombre dans le jeu probablement en 1850. Ce printemps-là, le 29 mai exactement, a lieu à Epsom le fameux *Derby* – une course de chevaux qui galope depuis 1780 jusqu'à nos jours. Ada piaffe d'impatience ! Le 30, elle reste alitée avec une migraine monumentale. Elle a perdu. Beaucoup…

Pour se consoler, elle prend un peu de vacances. Elle et William passent l'été dans le nord de l'Angleterre et visitent les châteaux qu'ils croisent. Ils font un crochet par Newstead. La vieille abbaye a été rachetée à Lord Byron par un colonel Wildman, plus de trente ans auparavant. Wildman fait au couple les honneurs

1. Dorothy Stein, *op. cit.*, p. 249.

des lieux. Les deux époux tremblent d'émotion et l'écrivent à Annabella Senior avec un manque de tact total. En se promenant sur les vastes pelouses de l'abbaye, William sanglote sur le destin malheureux des Byron, et Ada se dit pénétrée tantôt de mélancolie, tantôt d'un amour soudain pour les vieilles pierres de sa famille paternelle. Vous imaginez bien ce qu'Annabella Senior ressent, de voir si fort adorée l'ombre d'un homme qui l'a autrefois violentée, et d'un père qui n'a jamais levé le petit doigt en direction de sa fille. Pour Annabella Senior, si Ada peut encore avoir du respect pour la lignée Byron, c'est parce qu'elle-même a eu le courage de taire ce qu'elle a subi. Et elle aimerait bien que sa fille en prenne bonne note. Peine perdue. Annabella Senior quête une reconnaissance de ses souffrances et une condamnation de son époux qu'elle n'obtiendra jamais, de personne. Elle ne pardonnera pas ce coup-là, ni à sa fille, ni à son gendre. En cette belle fin d'été, William perd, sans même s'en rendre compte, toute l'affection que lui portait sa belle-mère. Annabella Senior commence à cuisiner pour lui, dans le secret de son âme, une haine massive. Celle-ci absorbera, comme un trou noir, toutes les manifestations de tendresse, tous les appels à l'aide et toutes les tentatives de réconciliation de son gendre. Même la mort d'Ada, même l'éducation des trois orphelins n'y changeront rien : Annabella Senior servira son plat glacé à William jusqu'à la fin de sa vie. Ada, quant à elle, paiera aussi – mais elle a toujours payé.

Ignorant des épreuves qui l'attendent, le couple se dirige tranquillement vers Doncaster, autre lieu hippique. Ou, plutôt, Ada y court tandis que William lambine. De fait, il arrive deux jours après elle. Scotchée aux paddocks, Ada délire de joie. Son époux a peine à la dissuader de se lancer dans l'élevage de chevaux de course. Elle a enfin trouvé une nouvelle raison de vivre.

Comme tout vice, le jeu exige des complices. Pendant deux ans, Ada cabale avec un petit groupe de parieurs (dont John Crosse) et quelques domestiques. Étant la femme pauvre (et éternellement mineure) d'un homme riche (et peu prêteur), il lui faut d'abord trouver de l'argent. Elle bricole paisiblement des montages financiers malhonnêtes. Une fois l'argent déniché, elle élabore, à grands coups de formules mathématiques, des martingales sophistiquées pour gagner à coup sûr. Bien sûr, elle perd. Mais qu'importe ? Ce qui compte, ce sont les montagnes russes émotionnelles du jeu. Elles aboutissent toujours dans le fossé boueux de la ruine, parce que le joueur ne joue jamais jusqu'à ce qu'il ait gagné, mais jusqu'à ce qu'il ne puisse plus jouer – jusqu'à ce qu'il ait tout perdu. En attendant le fossé, Ada est sur un petit nuage. Une course, qui doit se tenir en mai 1851, et dans laquelle elle est sûre de gagner (elle perdra), la met en joie pendant des mois. Dorothy Stein parle d'« un état d'euphorie qui rappelait celui que lui avait inspiré la science[1] ». L'euphorie cède

1. Dorothy Stein, *op. cit.*, p. 256.

brutalement la place à 3 200 livres de dettes – une fortune. Étrangement, William paye. C'est que, tout aussi étrangement, il a autorisé Ada à jouer. Il l'aime toujours, voyez-vous ?

Le 20 juin 1851, William va sottement s'épancher dans le giron de sa belle-mère. Annabella Senior tient enfin l'occasion de lui cracher sa haine toute neuve à la figure : elle lui aboie qu'il n'aurait jamais dû laisser Ada jouer, ni fréquenter John Crosse, ni Babbage d'ailleurs, ni aller à Doncaster et à Epsom, tout y passe. Elle se plaint aussi qu'Ada ne lui ait pas demandé directement son aide, et joue les étonnées. N'est-elle pas une femme sur qui l'on peut compter ? Or, si Ada a appris quelque chose par l'expérience, c'est l'inverse. Elle voit désormais sa mère comme un poids mort qui entrave sa marche. Mais Annabella Senior n'a pas encore compris à quel point sa fille a coupé le cordon et s'est éloignée d'elle. En attendant de prendre la mesure de cette distance, elle accable le pauvre William. Elle lui assène que lui et toute sa famille vont droit dans le mur, le gouffre, la faillite, la mort au *monde,* pour tout dire. Elle compte recommencer sa diatribe en présence d'Ada. C'est là que William porte le coup de Jarnac : « Il admit imprudemment qu'Ada ne tenait nullement à ce genre de catéchisme[1]. » Annabella Senior, apercevant enfin son propre reflet dans le miroir d'Ada, tombe de l'armoire. Elle se fait très mal. Elle n'en croit d'abord pas ses yeux : de passage près d'East Horsley, elle

1. Dorothy Stein, *op. cit.*, p. 260.

frappe à la porte du château – et s'en voit refuser l'entrée. Ada lui fait dire qu'elle est trop souffrante. De fait, Ada préférerait littéralement crever que de la recevoir. Annabella a un cri de douleur et demande des explications sur un ton qui serait risible s'il n'était signe d'un aveuglement pathétique. Elle implore : a-t-elle jamais dit un seul mot dur à Ada ? Ce qui prouve qu'elle n'a rien soupesé de tout le poids de maltraitance maternelle, physique d'abord, verbale ensuite, qu'Ada lui reproche, sans un mot. Ada sait que, avec une rhéteuse comme Annabella Senior, les mots sont inutiles. Elle sait peut-être, aussi, que le silence est une arme redoutable. Annabella Senior en est malade et se cherche un bouc émissaire. Il est tout trouvé : ce sera William. Entre l'été 1851 et l'été 1852, Ada voit sa mère une fois ou deux, au cours de visites mondaines, protocolaires, pendant lesquelles rien d'important n'est abordé. Ada a désormais trop de souci avec sa propre santé pour se préoccuper des angoisses de sa mère.

Les ailes fermées

En février 1851, Ada est affligée de règles surabondantes. Elles persistent quelques mois et se terminent, en mai, par une véritable hémorragie. Tous les médecins diagnostiquent un cancer du col de l'utérus, sauf son accoucheur, le docteur Locock, qui reste optimiste. Il trouve la plaie tout à fait bénigne. Ada le choisit comme médecin traitant. Étant donné l'état de la science à l'époque, s'en remettre à un autre médecin n'eût peut-être rien changé à la suite.

Tout d'abord, Ada ne souffre pas. Mais elle est épuisée et perd le fil de ses idées. Pour elle, c'est déjà une catastrophe. Elle décide cependant de profiter de son alitement pour retrouver ses esprits et essayer de mener à bien quelque travail scientifique. Elle n'en aura pas le temps : au début de l'hiver 1851, les premières douleurs apparaissent. Locock, partisan du « si ça fait mal, c'est bien », estime que la guérison est proche. Ada tâche de rester patiente tout en se bourrant d'opium, d'alcool et de chanvre. À distance,

Annabella Senior la bassine pour qu'elle abandonne les drogues au profit du mesmérisme – en vain.

Tremblant de douleur, Ada se fait philosophe et médite sombrement sur la condition humaine. Elle se sait née du bon côté de la barrière sociale et, considérant la dureté de sa vie, n'ose imaginer celle des autres. Locock, lui, persiste dans son optimisme. Sa patiente tente de le suivre, avec difficulté. Elle peine à croire à un processus de guérison tandis qu'elle constate, jour après jour, que les douleurs s'accroissent inexorablement. Mais, psychologiquement, elle connaît une rémission. Maintenant que la perspective de mourir s'éloigne, elle doit bien s'avouer qu'elle a eu une peur bleue – la souffrance surtout, la géhenne d'une interminable agonie la terrifie. Une peinture de Henry Philips la montre à son piano. Toute maigre, elle a le long nez de son père, la bouche fine de sa mère, la coiffure irréparable de son temps (des bandeaux sombres collés au front, aux tempes, aux joues), une petite robe blanche chiffonnée, le teint blême, les yeux creusés et le regard perdu. Son menton et sa mâchoire, qu'elle trouvait trop forts, ont fondu. Un daguerréotype d'Antoine Claudet n'en révèle pas davantage.

Au printemps 1852, les douleurs augmentent encore. Ada s'effraye d'y perdre l'esprit, cet esprit dont elle a toujours été si fière, et qui est finalement la seule bouée de sa vie. Elle n'est plus loin de *1984* : « Devant la douleur, il n'y a pas de héros[1]. » Et son

---

1. *1984,* George Orwell, 1949.

état empire toujours. Mourant de sommeil, elle ne parvient plus à dormir. À partir d'avril, elle prend du chloroforme. Hélas, son action est brève.

Annabella Senior, elle, piaffe devant la porte fermée d'Ada, de plus en plus bruyamment. Elle n'a qu'une excuse, mais celle-ci est de taille : c'est sa fille, sa fille unique, sa seule enfant, lumière de ses yeux, luette de sa gorge, qui est en train de mourir. On comprend son inquiétude. Ada lutte depuis son lit et lui en refuse toujours l'accès avec fermeté. Hélas, fin mai 1852, très affaiblie, Ada entre dans des arguments sentimentaux, hésite, oscille entre peur et désir de revoir sa mère. Le 1er juin, Annabella Senior a le pied dans la porte. Son but ? D'après Dorothy Stein, il est triple : faire avouer à Ada toutes les vilenies qu'elle cache forcément à sa mère, « la ramener à une foi religieuse convenable[1] », et la soigner à coups de passes magnétiques. Être aux côtés de sa fille, qu'elle aime et qui souffre, doit aussi lui importer.

Une fois dans la place, Annabella Senior exulte. Elle note, sans grand embarras, que sa fille perd la voix en la voyant. Et aussi qu'Ada a un œil qui diverge de l'autre. Tout ceci traduit de probables atteintes neurologiques – métastases ? Annabella Senior pose un autre diagnostic : Ada serait accablée par des remords.

Tout d'abord, Ada est contente de voir sa mère. Elle compte sur elle pour guérir, ou mourir paisiblement. Hélas, la promesse faite par Annabella Senior,

1. Dorothy Stein, *op. cit.*, p. 267.

celle de ne jamais dire un mot dur, tient une semaine. Elle trépigne d'envie d'emmener sa fille à confesse. Ada, pressée de questions, fait d'abord des aveux embrouillés au sujet de bijoux gagés. Annabella Senior règle la dette. Elle en profite pour flanquer à la porte d'Ada tous ceux qui ne lui plaisent pas : la gouvernante, atteinte elle aussi d'un cancer qui lui gâte la vue, y passe en premier. Ensuite, c'est le tour de la femme de chambre, une fille qui partage effrontément la passion d'Ada pour la physique. Une fois la place nette, Annabella Senior se lance dans ses passes mesmériques. La description qu'elle fait de la douleur d'Ada est affreuse : la pauvre femme se tord en tous sens, sans arrêt. Le remède magnétique ne tient pas longtemps la route face aux souffrances induites par un cancer généralisé. Mi-juillet 1852, elles ne laissent plus aucun répit à Ada. En août, le bon docteur Locock lui avoue enfin qu'elle est condamnée.

Pendant ce temps, William tourne en rond, fou de chagrin. Dans sa peine, il tente de s'appuyer sur Annabella Senior, mais celle-ci lui montre imperturbablement sa plus froide épaule.

Au bord de l'agonie, Ada tente de mettre ses affaires en ordre. Elle fait part à son mari de son intention d'être enterrée auprès de son père et règle ses funérailles et cénotaphes. Il semble que, mi-août, elle soit encore capable de se lever. William la soutient et note avec un soin aimant ses diverses dispositions posthumes. Elle se préoccupe aussi de ses trois enfants. Selon ses dernières volontés, le pauvre

Ockham ne doit en aucun cas quitter la marine, malgré le désir désespéré qu'il en a. Annabella Junior, elle, est placée sous la direction d'Annabella Senior un mois et demi par an. Le reste du temps, elle est priée de le passer avec son père, pour s'efforcer de remplacer Ada auprès de lui en *tout* – étrange prière. Quant à Ralph, il est carrément confié à Annabella Senior. Laquelle est ravie : c'est la preuve qu'Ada aussi considère William comme une nullité.

Cela réglé, Ada s'occupe de ses quelques biens matériels. Elle demande à Babbage d'être son exécuteur testamentaire. Elle lui confie différents papiers et lui demande de remettre, après sa mort, son beau plumier en or et son écritoire râpée à quelqu'un qu'elle ne nomme pas. Il s'agit probablement de Crosse, auquel elle donne directement trois reliques paternelles : un anneau qui a appartenu à Lord Byron, un médaillon contenant une boucle de cheveux du même, et une miniature d'un de ses poèmes.

Il était temps, car Annabella Senior continue son grand nettoyage. Comme le dit la biographe moderne Betty Toole : « Tout le soutien affectif d'Ada fut lentement érodé par Lady Byron[1]. » Celle-ci congédie un par un tous les amis, tous les proches d'Ada. Elle en arrive finalement à interdire de visite Babbage et Crosse, dont, pourtant, Ada désire ardemment la présence amicale. Le bon docteur Locock trouve ce traitement cruel et malsain – en vain. À partir du

1. *Ada, the Enchantress of Numbers,* Betty Alexandra Toole, Strawberry Press, 1998, p. 298.

19 août, Ada n'a plus que sa mère et les ami-es de celle-ci pour lui rendre visite. Babbage assure qu'elle est désormais démise de toute autorité dans son propre foyer. Le 20, elle confesse à sa mère sa liaison avec John Crosse – mais qu'y a-t-il de fiable dans les ultimes paroles d'une femme atteinte de métastases au cerveau, imbibée d'opium et qu'on tarabuste ? Le 21, Charles Dickens franchit le barrage. Il passe un peu de temps avec Ada, assez pour admirer son courage. Florence Nightingale, sa vieille amie, parvient aussi jusqu'à elle et écrira plus tard : « Ils disent qu'elle n'aurait pas dû vivre si longtemps, sans la formidable vitalité de son cerveau, qui ne voulait pas mourir[1]. » Le même jour, Ada écrit à sa mère qu'elle voit la mort s'avancer, minute après minute. Le lendemain, Annabella Senior s'installe à plein temps chez sa fille.

Nous sommes alors le dimanche 22 août 1852, et William décrit Ada comme fiévreuse mais paisible. Ensemble, ils causent tranquillement, se rappellent leurs beaux voyages.

Peu de temps après, la santé mentale d'Ada commence à décliner. Elle a peur d'être enterrée vivante, angoisse classique à son époque – *La Chute de la Maison Usher,* avec son héroïne émergeant toute vive du tombeau, encore emmitouflée dans son suaire, a été publiée en 1839. Elle demande des fleurs, que William commande avec empressement, et s'en lasse aussitôt. Elle convulse pendant deux jours, en sort complètement égarée et ne reconnaît plus son mari.

1. Stephen Wolfram, *op. cit.*

Elle est saisie de terreurs inexplicables. D'après Annabella Senior, elle se croit persécutée par son père par-delà la tombe. Son mari et sa mère tentent de la calmer et y parviennent. Dorothy Stein s'étonne : « Si surprenant que ce soit, ceux qui la soignaient se gardaient bien de lui procurer l'apaisement final par une dose excessive de narcotique. Ils prenaient au contraire toutes les précautions possibles pour la garder en vie[1]. » C'est que le XIXe siècle n'est pas aux soins palliatifs, ni à l'euthanasie compassionnelle. Il est plutôt à la « bonne mort » – comprenez, la souffrance pieusement endurée en rémission des péchés. Dans *Les Buddenbrook*, dont l'action se situe entre 1835 et 1877, Thomas Mann raconte dans le détail l'agonie de la grand-mère : « Une terrible inquiétude, une angoisse, une détresse indicibles, un sentiment d'implacable abandon et d'impuissance devait pénétrer de la tête aux pieds ce corps livré à la mort[2]. » La grand-mère supplie : « "Quelque chose pour dormir, messieurs ; par pitié, quelque chose pour dormir..." Mais les médecins connaissaient leur devoir. Il s'agissait de conserver cette vie à la famille, aussi longtemps que possible, à tout prix, alors qu'un stupéfiant aurait causé la mort immédiate sans résistance possible. Le rôle des médecins n'est pas d'amener la mort, mais de conserver la vie coûte que coûte. [...] Au contraire, ils soutenaient le cœur à l'aide de

1. Dorothy Stein, *op. cit.*, p. 290.
2. *Les Buddenbrook*, Thomas Mann, trad. Geneviève Bianquis, Fayard, 1965, p. 492.

divers toniques[1]. » C'est exactement ce qu'Ada est en train de subir.

Le 1er septembre, coup de tonnerre dans un ciel déjà noir comme l'encre : Ada confesse à William sa liaison avec John Crosse. L'a-t-elle fait poussée par sa mère, par ses remords ou par pur délire ? Elle seule le sait. Plus tard, William dira de la confession qu'elle fut incomplète, mais elle est quand même assez détaillée pour qu'il la prenne très mal. Il réagit avec une amertume assez compréhensible, d'autant qu'Ada ne maîtrise guère la carte du Tendre. Elle ignore que, en la matière, l'aveu le plus sobre est toujours le meilleur, et que les explications dont on l'enrobe ne font qu'envenimer les choses. Il semble qu'elle ait tenté d'expliquer sa conduite, ce qui est bien la chose à ne pas faire. Qu'a-t-elle dit ? « J'ai été contrainte d'aller chercher ailleurs l'affection que vous ne me donniez pas » ? Ou « John Crosse me fait rire, lui » ? « Jouir, lui » ? « Ne me frappe pas, lui » ? Quoi qu'il en soit, la plaie amoureuse du futur veuf est définitivement empoisonnée.

De son côté, Annabella Senior déparle aussi, à sa façon. Elle dit attendre avec impatience la mort d'Ada. Ce sont des paroles qu'on peut finir par penser, et même par lâcher, sous l'effet de la panique, devant un proche qui meurt à grande douleur, quitte à le regretter ensuite au sang – et les paroles, et les regrets n'étant que deux des innombrables facettes du deuil. Annabella Senior tente d'inculquer ce renoncement

1. *Ibid.*, p. 492.

à Ada, avec une maltraitance maternelle intacte : elle lui explique que, étant particulièrement incompétente dans la vie, Ada ne peut qu'être mieux dans la mort, et ce d'autant plus qu'elle a toujours refusé de se laisser guider comme elle l'aurait dû. Gageons, ou espérons que, Ada étant droguée jusqu'aux oreilles, Annabella Senior ne convainque qu'elle-même au terme d'un sermon qu'elle seule a écouté.

Ou se peut il qu'il y ait, là-dedans, quelque chose qui empeste davantage encore que la maltraitance ? La petite histoire regorge de ces pères de la bourgeoisie qui font passer un pistolet dans la prison où est retenu leur fils, afin que celui-ci liquide lui-même la honte sociale qu'il représente. Du temps où Launay était gouverneur de la Bastille, les nobles encombrés de rejetons débauchés les lui envoyaient, afin qu'il en disposât. Peu de temps après, Launay demandait : « Nous en avons disposé. Que faut-il faire du corps ? » Ainsi se réglaient les débordements intérieurs qui menaçaient la réputation des familles possédantes. Pour Annabella Senior, pilier du *monde* et miroir de la vertu victorienne, sa fille excentrique, droguée, adultère et accro au jeu n'est-elle pas mieux dans la tombe qu'à salir son nom ? N'est-il pas préférable qu'elle fasse une mort honorable, plutôt que de continuer une vie scandaleuse ? Ces conjectures nous mènent trop loin dans les méandres d'une psyché si éloignée dans le temps. Il n'empêche que, un mois et demi après la mort d'Ada, Annabella Senior écrira à William que son couple n'avait devant lui d'autre perspective que la ruine et le déshonneur, au point que la mort d'Ada a été, au fond, une bonne chose. Il n'empêche aussi qu'Annabella Senior fera preuve d'un parfait mépris pour les risques de scandale dus au reliquat des dettes de jeu d'Ada, au point de choquer le fils Somerville.

Mais revenons au chevet d'Ada, où campe Annabella Senior. Elle y poursuit sans relâche son obsession pour Lord Byron, ou plutôt sa rancœur de femme maltraitée et contrainte au silence. Elle fait dire à Ada que tout son entourage la poussait à adorer son père et, par rebond, à mépriser sa mère. Imaginer qu'une conspiration domestique l'a séparée, un temps, de sa fille est plus aisé que de remettre en cause la façon dont elle a joué son rôle maternel. Enfin, elle obtient d'Ada mourante une déclaration d'amour et de résipiscence complète : Ada lui assure qu'elle veut bien vivre si c'est pour vivre avec sa mère. De joie, Annabella Senior tombe à genoux et remercie le Seigneur ; Ada est enfin débarrassée. Elle va pouvoir mourir en silence – ou presque. Un ami de sa mère, le révérend Robertson, lui apporte les secours de la religion. C'est un prêcheur brillant et, surtout, empathique. Lui-même très malade, il ne lui survivra guère.

Pendant l'interminable mois de septembre 1852, puis le non moins interminable mois d'octobre, suivi d'un éternel mois de novembre, Ada s'obstine à exister. Enfin, le 27 novembre 1852, dans la soirée, assise au chevet d'Ada à côté de William, Annabella Senior voit la mort se pencher sur Ada pour l'emporter. À dix heures, c'est l'apaisement qui précède le dernier souffle. À onze heures, Annabella Senior saisit un bougeoir et « testa la respiration et les yeux avec une chandelle[1] ». C'est fini. Après un an d'agonie, la grive a refermé ses ailes. Elle avait trente-six ans, comme son père.

1. *Death in the Victorian Family*, Patricia Jalland, Oxford University Press, 1996.

Après Ada

Les nécrologies abondent immédiatement. Elles sont élogieuses, et vigoureusement misogynes : « Outre une intelligence complètement masculine dans sa solidité, sa pertinence et sa fermeté, Lady Lovelace avait toutes les délicatesses du plus raffiné des caractères féminins[1]. »

William prend en charge les funérailles de sa femme en respectant scrupuleusement ses dernières volontés. La cérémonie, à Hucknall près de Newstead, au sud de la forêt de Sherwood, est émouvante. Ni Annabella Senior ni Babbage n'y assistent. Trop fâchés avec tout le monde, je suppose.

Annabella Senior, elle, prend en charge les dernières dispositions de sa fille en les annulant quand ça l'arrange. Et, pour commencer, elle dénie à Babbage le droit d'être l'exécuteur testamentaire de sa fille. Elle lui réclame même toutes les lettres qu'il a reçues d'Ada, car elle tient à contrôler son image

1. Stephen Wolfram, *op. cit.*

posthume. Pour une fois, Annabella Senior a affaire à aussi revêche qu'elle : Babbage, tout en se répandant en compliments sur la haute tenue intellectuelle de ces lettres, envoie bouillir Annabella Senior et déclare tout net qu'il ne rendra rien du tout. Loué soit-il ! Qui nous vaut de pouvoir encore suivre le fil de la pensée d'Ada. Dans leurs échanges épistolaires, on trouve des histoires de rhumes, Babbage se plaignant du service postal, Dickens parlant de thé à la camomille, des plaisanteries victoriennes, des biscuits au gingembre et des considérations précieuses sur le moteur analytique.

Annabella Senior tourne alors ses batteries vers des victimes plus faciles comme John Crosse, et poursuit William de son ire. D'après elle, c'est *lui*, la cause de l'éloignement d'Ada. Alors qu'Annabella Senior est, pour William, l'image aimée de la Mère, il ne représente, pour elle, que le symbole écœurant du Mari. Il la supplie, elle le honnit. Il s'effondre, demande une entrevue, lui assure qu'il l'aime comme peu de mères sont aimées ; elle lui répond des grossièretés. Les lettres fulminantes se croisent jusqu'à ce que William tire un trait sur leur relation, le 16 janvier 1853. On peut mettre au crédit d'Annabella Senior qu'elle paye toutes les dettes de sa fille – 8 000 livres, quand même. Finalement, Ada a réussi à arracher des mains de sa famille la petite fortune qu'elle estimait mériter. Et on peut mettre au crédit de William qu'il ne se venge pas en empêchant ses enfants de voir leur grand-mère. Il lui confie même le petit Ralph, comme le souhaitait Ada.

Au bout du compte, William se retrouve triplement accablé : par le veuvage, une paire de cornes et l'abandon d'une mère d'élection. Il se retire sur ses terres avec sa fille, attendant, pour en sortir, qu'elle ait atteint l'âge d'entrer dans le *monde*. Annabella Junior passe une triste année de deuil à East Horsley. Pourtant, la vie y est désormais moins rude : on trouve maintenant des tapis au sol, et du feu dans les cheminées. Mais William ne cause que bâtiments, chantiers, mortier et cimaises, ce qui n'a pas l'heur de plaire à sa fille. Elle préfère séjourner chez sa grand-mère, qui la couvre de cadeaux coûteux. Retourner à East Horsley devient vite une corvée. Finalement, William emmène sa fille à l'étranger apprendre les langues et la musique, ornements nécessaires de l'âme féminine quand on veut la marier. Annabella Junior, surdouée comme sa mère et sa grand-mère, excelle en tout : français, allemand, italien, espagnol, arabe, dessin, violon – elle joue sur un stradivarius, rien que ça – et cheval. C'est une écuyère hors pair.

Le petit Ockham de seize ans, lui, est censé, après l'enterrement de sa mère, regagner son poste à la *Navy*. Il n'arrivera pas au port. Il déserte, est repris, rembarqué à bord de *L'Inflexible*, vissé. Il ne cède pas, déserte à nouveau, s'embarque comme matelot sur un autre navire, retourne en Angleterre, malade et loqueteux. Il réclame l'aide de son père, qui verdit de rage. Annabella Senior tente de l'amadouer, et en est pour ses frais. Définitivement rebelle à toute autorité, et plus encore à sa famille, Ockham leur fausse une fois de plus compagnie, réalisant à vingt années de distance les rêves de fuite de sa mère.

Après sa mort, que reste-t-il d'Ada, et de regrets d'Ada, dans le cœur de celles et ceux qui l'ont connue ? Ada, bon gré mal gré, appartenait au *monde*. Or, le *monde* est une eau profonde ; les morts y disparaissent comme des pierres. On y côtoie trop de gens, et avec trop de contraintes, pour y nouer de ces liens qui résistent à l'oubli. Aussi celles et ceux qui disparaissent ne laissent-ils rien de plus derrière eux qu'une onde vite effacée. Ada ne fait pas exception. Annabella Senior, nous l'avons vu, est aussi soulagée que peinée d'avoir perdu une fille si *unladylike.* William, blessé, préfère désormais la solitude et les vieilles bâtisses. Ada n'a pas souhaité inspirer d'affection à ses enfants, et son seul amour lui a préféré une autre femme. John Crosse a-t-il du chagrin ? Nous n'en savons rien. Il est, de toute façon, probablement trop occupé à pouponner les enfants qu'il a eus avec son épouse Susan. Et aussi à défendre, sans succès, les lettres que lui a envoyées Ada des griffes d'Annabella Senior. Le beau plumier en or et l'écritoire râpée que lui a légués Ada, par égard pour tous leurs souvenirs communs, ne lui seront jamais remis. Ainsi, l'ombre légère d'Ada s'efface vite dans la mémoire des humains – sauf dans celle de Babbage.

Babbage, toujours fidèle à ses obsessions, édite de belles tables logarithmiques, de 1 à 108 000, qui resteront en usage fort longtemps – jusqu'au XXe siècle. Mais, après la mort d'Ada, son amertume, que nous avons vue toujours ruisselante, finit par le submerger. Sa bouillante personnalité se confit dans le vinaigre. On voit bien, sur les photos, que sa bouche expressive tourne, à force de se pincer, à la lame de couteau. Pourtant, les honneurs qu'il a reçus sont tels et si nombreux qu'ils tiennent toute la place sur ses cartes de visite[1] – les Anglais raffolent de ces petites initiales-là. En 1864, il rédige, avec un encrier rempli de fiel, des mémoires[2] dans lesquels il dit du mal de tout le monde, à l'exception d'Ada, dont il loue le travail. Il se lance ensuite dans une croisade très personnelle contre les bruits urbains. Il en a tout particulièrement après les joueurs d'orgues de Barbarie, qu'il estime sortis des enfers pour l'embêter. Seul dans sa grande maison, il remâche ses aigreurs. « Pour une maison londonienne, raconte Cornelia Crosse, celle de Babbage était vaste, on pouvait se promener à l'aise dans ses grands salons, tous

1. ESQ., M.A., F.R.S., F.R.S.E., F.R.A.S., F. STAT. S., HON. M.R.I.A., M.C.P.S., COMMANDER OF THE ITALIAN ORDER OF ST. MAURICE AND ST. LAZARUS, INST. IMP. (ACAD. MORAL.) PARIS CORR., ACAD. AMER. ART. ET SC. BOSTON, REG. ŒCON. BORUSS., PHYS. HIST. NAT. GENEV., ACAD. REG. MONAC., HAFN., MASSIL., ET DIVION., SOCIUS. ACAD. IMP. ET REG. PETROP., NEAP., BRUX., PATAV., GEORG. FLOREN, LYNCEI ROM., MUT., PHILOMATH. PARIS, SOC. CORR., ETC.

2. *Passages from the Life of a Philosopher,* Ed. Longman, 1864.

étant (sauf le salon de réception) remplis de livres, de papiers et d'appareils[1]. » C'est dans ce salon de réception, « une pièce sinistre, hantée par des fantômes[2] », que Babbage accueille sa visiteuse. Il se laisse aller à rêver, par exemple de passer trois jours en 2370, juste pour admirer toutes les nouvelles inventions, ou de réussir à construire son moteur analytique. Sinon, il peste contre la terre entière, spécialement contre les gamins qui jouent au cerceau. Wolfram le voit finir comme une caricature à la Dickens – *Uncle Scrooge*.

Comment vieillit, de son côté, Annabella Senior ? Ada lui ayant définitivement échappé, elle se met en devoir d'éduquer le restant de l'humanité, en se concentrant sur les petits garçons pauvres – peut-être parce que c'est plus simple qu'une seule petite fille riche. Elle fonde des écoles. Ce genre de charité est assez répandue dans le *monde* ; elle présente l'avantage de fournir les classes aisées à la fois en bonne conscience et en serviteurs bien formés. Annabella Senior s'occupe aussi beaucoup de ses petits-enfants, « avec plus de tendresse qu'Ada n'en eut jamais durant sa brève existence[3] », assure Dorothy Stein, qui a décidément une dent contre elle. Elle les gâte, parce qu'elle est grand-mère – et aussi, probablement un peu, pour que William

1. *Red-Letter Days of my Life,* Cornelia Crosse, Ed. Richard Bentley, 1892, vol. I, p. 170.
2. *Ibid.*, p. 170.
3. Dorothy Stein, *op. cit.*, p. 315.

perde à la comparaison. Ralph et Annabella Junior lui en seront toujours reconnaissants. Ils estimeront plus tard qu'elle leur a tout appris et garderont jusqu'au bout la certitude que l'éducation délivrée par leurs parents a été intégralement nulle. Tous deux assurent que, en plus de ses dons pédagogiques, leur grand-mère avait un sens de l'humour particulièrement affûté.

Mais Annabella Senior n'est pas qu'une grand-mère et une éducatrice. Elle se consacre activement à de belles causes, comme la réforme des prisons, une plus juste répartition des terres agricoles et l'abolition de l'esclavage. Elle trouve du travail à des Américains noirs, contraints de fuir les États-Unis après la mise en œuvre de la scélérate *Fugitive Slave Law* en 1850. Elle « s'investit de près[1] » dans le London Women's College. Grâce à ce rôle social, elle finit par acquérir, enfin, une reconnaissance qui ne doit rien à son désastreux époux. Mais elle reste, à travers les années, fidèle à son ombre – ou, plutôt, au traumatisme de son bref mariage. Son ami le révérend Robertson finit par lui demander si *Manfred*, ce poème de Byron qui fait l'apologie de l'amour entre frère et sœur, ne sous-entend pas une sombre vérité. Car ce qui paraissait évident aux contemporains de Lord Byron, l'inceste entre le poète et sa demi-sœur Augusta, a peu à peu disparu sous le voile épais de la déification du poète. Annabella Senior répond à la

1. *In Byron's Wake*, Miranda Seymour, Ed. Simon & Schuster, 2018, p. 248.

question de Robertson, mais dans l'oreille de Harriet Beecher-Stowe, l'auteure de *La Case de l'oncle Tom,* une ardente anti-esclavagiste américaine avec laquelle elle travaille. Beecher-Stowe gardera longtemps la confidence pour elle.

Pendant ce temps William, au fond de son grand château glacial, échoue à entretenir le peu de liens affectifs qui lui restent : Annabella Junior et Ralph lui préfèrent totalement leur grand-mère. Quant à Ockham, il n'a jamais su l'apprivoiser. Alors, il s'efforce d'oublier une vie de famille qui lui a si peu réussi. En lui, l'amertume dissout peu à peu jusqu'aux beaux souvenirs qu'il s'était faits avec Ada. Vingt ans après sa mort, il dira d'elle qu'elle n'était, au fond, qu'une femme infidèle et malhonnête.

Le rebelle Ockham, lui, trouve à s'embaucher comme ouvrier sur un chantier naval, où il « rivette des plaques de métal sur les flancs d'acier du *Great Eastern*[1] », un énorme bateau à vapeur. Il met des sous de côté pour faire le tour du monde et discute politique, par voie postale, avec Babbage.

Sept ans après la mort d'Ada, à l'été 1859, Beecher-Stowe est de passage à Londres. Chez Annabella Senior, elle ne trouve plus qu'une vieille femme « pâle comme la cendre[2] », qui peine à marcher et à parler. Anne Isabella Noel Byron, *11th Baroness*

1. *Ibid.*, p. 142.
2. *Ibid.*, p. 459.

Wentworth and Baroness Byron, meurt d'un cancer du sein un an plus tard, le 16 mai 1860, la veille de son soixante-huitième anniversaire, dans les mêmes intenses souffrances que sa fille. Jusqu'au bout, elle a refusé de revoir William. Et les trois enfants d'Ada interdisent à leur père d'assister aux funérailles. « S'il vient, eux n'iront pas[1]. » Il n'ira pas. En 1868, Teresa Guiccioli, une ancienne maîtresse de Byron, publie un portrait à charge d'Annabella Senior[2]. Pour la défendre, Beecher-Stowe divulgue son lourd secret dans un article intitulé « A True Story of Lady Byron's Life[3] ». Elle y laisse d'ailleurs sa réputation – une femme honnête ne parle pas de *ça.* Le scandale, avec ses *vindications*, ses récusations, ses preuves irréfutables et ses coups bas, dure encore.

Deux ans après la mort d'Annabella Senior, c'est au tour d'Ockham de s'aliter pour le compte. En 1862, la tuberculose abrège la vie aventureuse de Byron King-Noel, *12th Baron Wentworth, Viscount Ockham.* Il avait vingt-six ans, et sa sœur en larmes à son chevet.

Malgré les dissensions qui existaient entre le père et le fils, le coup est rude pour William. Fort heureusement, en 1864, il se remarie avec une veuve charmante qui réussit à ressouder un peu cette famille

1. *Ibid.*, p. 465.
2. *Lord Byron jugé par les témoins de sa vie*, Teresa Guiccioli, Ed. Amyot, 1867.
3. *The Atlantic Monthly*, août 1869.

éclatée. Elle lui donne même un fils pour ses soixante ans. De plus, la mort d'Annabella Senior permet à William de toucher une jolie somme. Il en profite pour parsemer le village d'East Horsley de cinquante bâtisses assorties à son château, toutes truffées d'écussons portant ses armes. Il meurt à la fin du siècle, à l'âge de quatre-vingt-huit ans, en laissant un nom dans la technique architecturale.

Babbage, de son côté, décline inexorablement au fond de ses grands salons. Il meurt au début de l'automne 1871, d'une cystite. On prétend que, pendant toute la durée de son agonie, un orgue de Barbarie joue sans faiblir sous ses fenêtres. Les nécrologies sont moqueuses. Ainsi finit, dans les petitesses et la solitude, la vie de l'homme qui bricola l'ordinateur un siècle avant tout le monde. Comme le dit l'un de ses biographes : « Son génie a été contrecarré par son caractère cagneux et son perfectionnisme[1]. » C'est un terme gracieux pour désigner la façon qu'a eue Babbage de se perdre dans les détails. Son cerveau flotte toujours dans un bocal du musée des sciences de Londres.

Le petit Ralph, à vingt ans, est à Oxford. À vingt et un ans, la mort d'Annabella Senior le laisse très à l'aise. À vingt-deux ans, il est en Islande, puis dans les Alpes. Il se passionne pour l'alpinisme et se révèle un excellent grimpeur. À vingt-trois ans, il se sépare

---

1. *Biography of Charles Babbage*, Georgi Dalakov, history-computer.com.

de sa femme, dont il vient tout juste d'avoir une fille, ce qui rappelle quelqu'un. Raffolant des livres, des langues et des arts, il devient un fin linguiste (il maîtrise des dialectes suisses et tyroliens), un amateur éclairé de musique et de peinture, un puits de culture littéraire. Bref, il est de la race des *gentlemen of leisure,* branche intellectuelle. Sur le tard, il plonge dans les énormes archives de sa famille. Il en sort en 1906 avec *Astarte : A Fragment of Truth concerning George Gordon Byron, Sixth Lord Byron*, une plaidoirie en faveur d'Annabella Senior, réalisant ainsi le rêve inassouvi de sa grand-mère. Notez que, selon la tradition anglaise, il a, au passage, détruit bon nombre de lettres, dont certaines de sa mère. Il meurt d'une crise cardiaque l'été de la même année, à soixante-sept ans.

Annabella Junior aussi se retrouve, à vingt-trois ans, riche et indépendante. Elle ne se presse pas pour choisir un mari. Elle prend son temps et, bien sûr, épouse à trente-deux ans une magnifique catastrophe. Car Wilfrid Scawen Blunt est magnifique, c'est le mieux qu'on en puisse dire. Sinon, il est poète, endetté, bisexuel, drogué et raffole de voyage, ce qui rappelle encore quelqu'un. Autant dire qu'il a besoin d'une riche épouse. En 1869, c'est chose faite. Aussitôt, le couple largue les amarres et arpente le Moyen-Orient, puis l'Inde. Annabella Junior, qui se fait désormais appeler Anne Blunt, prend plaisir à dormir sous la tente. Elle tient aussi un journal, dont Wilfrid tire quelques bons livres, qu'il publie sous son nom à lui. Mais les infidélités de Wilfrid, aussi copulateur que grand-père, font souffrir Anne. De plus, elle porte de nombreux enfants, dont seule une fille, Judith – une beauté –, survit à la petite enfance. Anne endure une succession de chagrins écrasants au sein d'un quotidien pénible. D'après un historien, Wilfrid se montre « arrogant et irascible, [...] immature et malhonnête[1] ». Cela dit, il fait preuve d'un réel courage quand il prend position contre l'impérialisme anglais. Il répond magnifiquement au lamentable *White Man's Burden*[2], *Le Fardeau de l'homme blanc* de Kipling, cette ode aux bienfaits de la colonisation, par un : « Le fardeau de l'homme blanc, c'est le fardeau de son pognon[3]. » Il milite en faveur des Irlandais, ce qui le mène en prison, et copine avec Churchill.

Les deux époux fondent ensemble, dans le Sussex, le Crabbet Arabian Stud, un haras pour chevaux coûteux qu'ils importent de la péninsule arabe. Ils en

1. « Egypt and the Sudan », Robert O. Collins, in *The Historiography of the British Empire-Commonwealth: Trends, Interpretations and Resources,* Robin W. Winks, Duke University Press, 1966, p. 282.

2. *Prenez le fardeau de l'homme blanc –*
Et recevez sa vieille récompense :
Le blâme de ceux qui ne vous valent pas,
La haine de ceux que vous protégez,
Les pleurs de ceux que vous guidez
(Ah, si lentement !) vers la lumière.

Rudyard Kipling,
The United States and the Philippine Islands,
in *McClure's*, février 1899.

3. *A Pilgrimage of Passion*, Elizabeth Longford, Ed. Knopf, 1979, p. 335.

créent un second au Caire. Hélas, c'est Wilfrid qui commande, non Anne. Or, les compétences de Wilfrid en matière d'élevage sont en dessous du médiocre. Il estime que ses chevaux doivent être gardés « dans les conditions du désert[1] », c'est-à-dire sans soins, ce qui leur vaut de mourir de froid en Angleterre et de soif en Égypte. Tant qu'il est le patron, les animaux sont maltraités. Il faut attendre la séparation pour qu'Anne reprenne enfin la main sur les haras et y mette bon ordre. De nos jours, la plupart des anglo-arabes dans le monde ont un ancêtre au Crabbet.

Judith, devenue adulte, coud un costume sur mesure à son père : « Sa tyrannie et son esprit de discorde lui ont finalement aliéné sa famille, la plupart de ses amis et plusieurs pays. [...] Il avait une tendance théâtrale à tonner et tempêter qui allait jusqu'au mélodrame [...] et son tempérament ne s'améliorait pas sous l'effet du haschich et de la morphine[2]. » Quand il décide d'installer sa maîtresse à domicile, c'est trop d'« *oriental lifestyle* » pour Anne : elle le quitte. Elle a alors soixante-neuf ans. Elle confie le haras du Sussex à Judith et part s'installer dans celui du Caire, au milieu d'un verger d'abricotiers. Elle y savoure dix années de liberté avant d'y mourir en 1917. Son stradivarius, lui, est vendu en 2011 pour près de seize millions de dollars – un record.

---

1. *The Authentic Arabian Horse*, 3rd ed., Judith Anne Dorothea Blunt-Lytton Wentworth, Ed. George Allen & Unwin, 1979.
2. *Ibid.*

Pour les anciens et anciennes amis d'Ada, la vie s'écoule tout aussi inexorablement. John Crosse, rebaptisé Hamilton parce que les Anglais de ce temps-là changent de nom comme de chemise, touche deux héritages assez dodus dans les années 1850. L'un d'eux inclut Fyne Court, le ravissant cottage qui a abrité le début de son idylle avec Ada, sis dans le très joli village de Broomfield, dans le Somerset. C'est là que John Hamilton meurt en 1880, à l'âge de soixante-dix ans, après avoir légué à ses trois enfants l'anneau, la boucle de cheveux et la miniature de Lord Byron que lui avait offerts sa maîtresse. Cela signe une certaine dévotion, mais est-ce au souvenir d'Ada ou à celui de son célèbre père ? Son épouse Susan vivra à Fyne Court jusqu'à ce que la maison, avec son salon glacial et ses toilettes inaccessibles, soit détruite par le feu, quatorze ans plus tard. Leur fille, Susan Junior, écrira quelques livres sur la douceur de vivre dans la campagne anglaise.

Somerville, nous l'avons vu, a été contrainte par la nécessité d'emmener sa petite famille vivre « sur le continent », en Italie, comme tous les Anglais désargentés. Dans son exil, elle publie des ouvrages de physique, de géographie et de physique moléculaire, tous limpides et enthousiastes, qui sont autant de succès de librairie. Au détour d'une nouvelle édition de son *The Connection of the Physical Sciences*, elle remarque une étrange perturbation dans l'orbite d'Uranus. N'y aurait-il pas, à proximité, « une planète inconnue » qui pourrait l'expliquer ? Sa réflexion permet à un certain John Couch Adams, un astronome britannique, de découvrir Neptune. Somerville correspond aussi avec Faraday et influence les travaux de Maxwell, un physicien et mathématicien écossais célèbre pour avoir unifié la théorie de l'électromagnétisme, découvert la vitesse de la lumière et pris la première photo couleur. Pour lui, Somerville a été la première personne à percevoir « la physique comme un tout[1] » et à lui apporter une cohérence.

Jetons un œil à Somerville telle que la voit Evert A. Duykinck à la fin de sa vie. Elle porte une robe en velours sombre et mou, assez lâche, avec un petit col négligé vaguement noué d'un ruban. Ses cheveux, moins rigoureusement tirés qu'avant, se perdent sous une coiffe de dentelles qui lui couvre les tempes, et qui est d'une laideur mortelle – une sorte de casque audio qui aurait fondu. Un stylet au doigt, un livre à la main, elle rêvasse. Son regard las vague vers le sol et elle ne sourit plus, mais elle a l'air apaisé de celles qui ont fortement vécu. Ce qui ne l'empêche pas, à quatre-vingt-douze ans, de continuer à travailler quatre à cinq heures par jour sur les plus récentes théories mathématiques. Elle meurt en Italie, en 1872, après avoir pétitionné en faveur du droit de vote des femmes[2] – sans succès. Londres s'empresse, bien sûr, de créer un club Somerville. Aujourd'hui, Somer-

1. *Being and Becoming Scientists Today: Reconstructing Assumptions about Science and Science Education to Reclaim a Learner – Scientist Perspective*, Susan A. Kirch & Michele Amoroso, Ed. Springer, 2016, p. 29.

2. *What Sort of Science Do We Want?*, Robyn Arianrhod, Oxford University Press, 29 novembre 2012.

ville a son portrait sur un billet de la Royal Bank of Scotland et son nom dans un cratère de la Lune. Un astéroïde Somerville orbite autour du Soleil, quelque part entre Mars et Jupiter.

Morgan, lui, retrouve son poste à l'UCL lorsque son remplaçant se noie opportunément. Il y officie durant trente ans. En parallèle, il hante les clubs, fonde des sociétés scientifiques et écrit, outre son œuvre mathématique, de juteux ouvrages de vulgarisation ainsi que d'innombrables articles. Il promeut l'œuvre du grand mathématicien indien Ramchundra, échange mille lettres avec d'éminents collègues et refuse de s'éloigner de Londres sous quelque prétexte que ce soit. Il déteste les vacances, que ce soit à la mer ou à la campagne ; il préfère les bibliothèques de la capitale et se repose très bien en écrivant.

L'âge venant, Morgan vire au dodu et se paie une paire de lunettes rondes, mais il garde sa bouche aimable et son humeur avenante, malgré la banqueroute qui le traque et finit par le rattraper. En 1866, fidèle à ses principes, il redémissionne de son poste de professeur le jour où l'UCL s'éloigne d'un pas de la stricte neutralité religieuse. C'est pour de bon, cette fois. Car il a soixante ans et une rente de 500 livres. Il semble donc tout à fait décidé à paisiblement planter ses géraniums sur son balcon. Mais hélas, alors qu'il a déjà perdu trois enfants en bas âge, il en perd deux autres coup sur coup, George en 1867 et Helen en 1870, tous deux dans leur vingtaine, tous deux de la tuberculose. Morgan en crève de chagrin un an plus tard, la même année que Babbage.

Menabrea, le jeune ingénieur italien auteur du mémoire sur le moteur analytique qu'Ada a annoté avec le génie que l'on sait, ne publiera pas grand-chose d'autre. Il a trop à faire avec la politique. Ministre de la Marine, ministre des Travaux publics, président du Conseil, sénateur, anobli en 1843, hissé au rang de marquis en 1875, il termine ambassadeur à Londres puis à Paris. Comme les plus belles histoires finissent souvent mal, il est mouillé sur le tard dans le scandale de Panama. Il se retire chez lui, du côté de Chambéry, à quatre-vingt-deux ans, et y meurt cinq ans plus tard, probablement écrasé par le poids de ses décorations (plus de vingt, dont le très tolkiennien *Chevalier grand'croix de l'ordre de la Tour et de l'Épée*).

Quant au sublime Faraday, qui, en 1844, a refusé de travailler avec Ada en se disant proche de la tombe, il lui survit quinze ans. Il meurt à soixante-seize ans, lui aussi écrasé sous les médailles et les honneurs, dans une belle maison offerte par le prince Albert, à Hampton Court, dans le sud de Londres – elle y est toujours. Irréductiblement modeste (il a refusé d'être anobli), profondément éthique (il a refusé de superviser la production d'armes chimiques pour la guerre de Crimée), il décline l'honneur d'être enterré à Westminster et repose dans le très joli cimetière de Highgate. Si vous passez la Manche, n'hésitez pas à aller le visiter. Profitez-en pour suivre l'ombre légère d'Ada à travers la campagne anglaise.

Vous pouvez commencer par aller faire un spa à Seaham Hall, la maison d'enfance d'Annabella Senior. Elle étire encore ses longues ailes blanches et un peu prétentieuses au bord de la mer du Nord. Tout a été rénové dans le goût moderne – il devrait y avoir une loi contre les papiers peints comme ça. On a accroché des portraits d'Ada dans l'escalier, une suite a été nommée *Ada Lovelace* et le restaurant s'appelle *Byron's,* bien sûr. Mais il n'est pas certain qu'Ada y ait jamais mis les pieds, ou alors avant ses cinq ans, puisque sir Ralph Milbanke l'a vendue en 1821.

Il en est de même pour le 13 Piccadilly Terrace, à Londres, l'appartement où est née Ada. Elle n'y a pas vécu un mois. Démoli, reconstruit, le 13 Piccadilly Terrace est maintenant le 139 Piccadilly. L'immeuble blanc, cerclé de grilles noires très londoniennes, est idéalement coincé entre Green Park et Hyde Park. Désormais gorgé de banquiers et de consultants cossus, il voisine avec un *Hard Rock Café.*

Vous avez davantage de chance de croiser Ada à Fyne Court. Quoique amputé de sa principale bâtisse, le ravissant domaine est toujours là avec sa folie à mâchicoulis, son petit *coffee shop* surmonté d'un belvédère et son vaste jardin rempli de daims. On peut y imaginer Ada prenant le thé avec John Crosse, au cours de ce qui a peut-être été la plus belle semaine de sa vie, discourant tout au long de la nuit sur la nature de l'espace et du temps.

Une autre étape de votre voyage pourra être East Horsley. Le château de William n'a pas perdu un seul écusson de brique. Rebaptisé *Hôtel De Vere*, on peut s'y marier somptueusement et répandre ses invité-es dans les immenses salles qui désespéraient Ada, et le long desquelles elle courait en grelottant après l'un ou l'autre de ses trois enfants.

Enfin, vous pouvez pousser jusqu'à Newstead. Newstead n'a, fort heureusement, pas du tout été refait à neuf. Il est resté tel qu'il était quand Ada l'a visité lors de son dernier été de bonne santé. Elle y a vu la ravissante abbaye ruinée, le château conséquent, les vastes pelouses anglaises, le ridicule casque à cimier de Byron et la tombe de son chien Boatswain (1803-1808). Celle d'Ada est dans l'église de St. Mary Magdalene, à Hucknall, quatre miles plus loin, au sud de la forêt de Sherwood. Sur son énorme cercueil ferré, allongé juste à côté de celui de son père, repose toujours la couronne comtale à huit branches que William y a placée.

La résurrection d'Ada

Stephen Wolfram, un mathématicien britannique moderne qui s'est entiché d'Ada, rêve tout éveillé… *What if ?* « Que se serait-il passé si la santé d'Ada ne s'était pas effondrée[1] ? » Il rêve qu'elle construit le moteur analytique, lequel atteint la taille d'une locomotive. Il rêve qu'Ada et Babbage ont ensemble l'idée de le rendre électromécanique. Il calcule que, en 1890, Ada aurait encore été en vie quand un certain Herman Hollerith a effectué le premier recensement électromécanique avant d'aller fonder IBM. Il voit Ada composer de la musique algorithmique, résoudre le problème à trois corps et même trouver un modèle économique rentable pour le moteur. « Peut-être auraient-ils mis au point une sorte de service *cloud* pour la science victorienne. […] Mais rien de tout cela n'est arrivé et, à la place, Ada mourut jeune[2]. »

1. Stephen Wolfram, *op. cit.*
2. *Ibid.*

La trace d'Ada dans l'histoire des sciences, comme un rhizome, s'est étirée sur un siècle de façon quasi souterraine, avant de percer enfin à la lumière et d'éclore. Le mérite en revient à ses notes, bien sûr, mais aussi, plus étrangement, au fils de Babbage.

En 1842, le projet du moteur à différences est définitivement abandonné par le gouvernement – et par Babbage. Celui-ci a bien une entrevue à ce sujet avec Robert Peel, le chef du gouvernement, au cours de laquelle le premier est censé convaincre le second de remettre la main à la poche. Mais, comme à l'ordinaire de Babbage, « l'entrevue fut catastrophique[1] ». Babbage pourrit Peel et sort en claquant la porte. Et le moteur analytique ? Babbage ne le construira pas non plus. En 1851, il admet qu'il n'y parviendra jamais – trop cher. Après sa mort, un de ses fils, Henry, fabrique le moulin et l'imprimante, ainsi que des parties du moteur à différences n° 1. Il en fait des démonstrations qui ne convainquent personne. Vexé, il remise le tout dans des caves et des musées – un modèle échoue dans le grenier de Harvard.

En 1937, un physicien américain nommé Howard Aiken, un très beau gosse bardé de diplômes, va faire un tour dans ce grenier. Il y trouve un des modèles de démonstration de Henry. Fasciné, Aiken le fait installer dans son bureau. Il expliquera en 1973 qu'il a carrément fait monter ces pièces dans son calcula-

1. *Robert Peel, Prime Minister*, Georgi Dalakov, history-computer.com.

teur. Car Aiken a persuadé IBM de fabriquer un calculateur électro-mécanique : Mark I. Cette machine de seize mètres de long, lourde de cinq tonnes, avale des mètres de données sur papier perforé, « ce qui autorisa Aiken à dire qu'il avait "réalisé le rêve de Babbage[1]" ». Et, aussi, celui d'Ada. Aiken n'ignore nullement le rôle que celle-ci a joué. D'ailleurs, il « obligeait les membres de son équipage [pendant la guerre, Aiken travaille pour l'US Navy] à lire les "Notes" d'Ada Lovelace[2] ». Mark I est mis au service du Manhattan Project (le programme de mise au point de la première bombe atomique). Il est ensuite utilisé pour ? Établir et imprimer des tables de calcul. Il aura une nombreuse descendance. Les ordinateurs. Tous les ordinateurs.

Cela dit, comme l'époque est à la convergence, le Mark I d'Aiken n'est pas le seul calculateur qui peut prétendre avoir enfanté l'ordinateur. Il faut aussi citer le Colossus de Turing, le modèle K de Stibitz, le Z1 et le Z2 de Zuse, la machine d'Atanasoff, et, surtout, l'Eniac de Mauchly et Eckert. Car une invention aussi complexe que celle de l'ordinateur ne peut pas sortir toute montée d'un seul cerveau. Elle naît du travail de plusieurs équipes cravachant en même temps vers la réalisation d'une idée qui plane dans l'air du temps.

Ce n'est pas le tout de fabriquer une machine programmable, encore faut-il la programmer. C'est

---

1. Walter Isaacson, *op. cit.*, p. 98.
2. *Ibid.*, p. 767.

là que les femmes, suivant les traces d'Ada, entrent en scène. Mark I est programmé par une femme nommée Grace Hopper. « Elle développa aussi, tout en programmant le Mark I, le concept d'un compilateur[1] », sachant que votre PC *est* un compilateur. Par la suite, Grace Hopper lance l'idée d'*open source*, développe la collaboration entre informaticien-nes et coordonne comme chef de projet la mise au point du Cobol, premier langage multi-plateforme privé. Quant à l'Eniac, un des concurrents du Mark I, il est programmé par six mathématiciennes : Jean Jennings, Marlyn Wescoff, Ruth Lichterman, Betty Snyder, Frances Bilas et Kay McNulty. En 2011, avant sa mort, Jean Jennings rappelait fièrement que les premiers programmeurs étaient toutes des programmeuses. Elle ajoutait, lucide : « Si les administrateurs de l'Eniac avaient su à quel point la programmation serait vitale pour le fonctionnement du calculateur électronique et à quel point elle s'avérerait complexe, ils auraient peut-être hésité un peu plus à confier un rôle aussi important à des femmes[2]. » Mais alors, pourquoi le secteur de l'informatique est-il aujourd'hui à ce point trusté par les hommes ? Chantal Morley, professeure en systèmes d'information à l'Institut Mines-Télécom, précise que le tournant se situe dans les années quatre-vingt : « Les besoins en personnel informatique étant croissants, les salaires étaient relativement élevés. Considérant

1. *Ibid.*, p. 161.
2. *Ibid.*, p. 171.

qu'il était anormal que les codeuses aient une rémunération aussi confortable [...], la Grande-Bretagne a, dans le secteur public – leader dans l'informatisation du pays –, bloqué la carrière de programmeuses compétentes[1]. » Ainsi allait le monde du travail à la fin du XXe siècle.

Une fois l'ordinateur inventé puis programmé, deux inventions manquaient encore pour arriver jusqu'à nous : la miniaturisation, grâce aux circuits intégrés, et la mise en réseau, grâce aux commutations par paquets. C'est désormais chose faite.

La résurrection d'Ada dans la mémoire collective est due d'abord aux informaticien-es. Ceux et celles-ci ont la mémoire longue. Grace Hopper dit, au sujet d'Ada : « C'est elle qui a écrit la première boucle. Je ne l'oublierai jamais. Aucun de nous ne l'oubliera jamais[2]. » En 1937, grâce à ses notes de la description de Menabrea, Ada était encore vivante dans la mémoire d'Aiken. En 1978, Ada est toujours présente à l'esprit de Jack Cooper, informaticien attaché à l'US Navy. Cette année-là, le département de la Défense américain décide de se doter d'un nouveau langage standard. Il lance un concours international, que remporte une équipe de la très française CII (Compagnie internationale pour l'informatique).

---

1. *Comment les femmes ont été écartées de l'informatique*, Chantal Morley, Slate.fr, 11 mars 2019.

2. *Grace Hopper and the Invention of the Information Age*, Kurt W. Beyer, MIT Press, 2009, p. 130.

« Au printemps 1979, Jack Cooper suggère le nom parfait pour ce nouveau langage : Ada [...]. Dans un échange de lettres formel entre le secrétaire adjoint de la Défense des États-Unis et l'héritier Lovelace, le comte de Lytton, la permission fut accordée d'utiliser ce nom[1]. » Le standard militaire lui-même est nommé *MIL-STD-1815*, d'après l'année de naissance d'Ada. C'est le début de la reconnaissance.

En 1981, l'Association for Women in Computing lance un Ada Lovelace Award. En 1990, William Gibson (l'auteur de *Neuromancien*[2]) et Bruce Sterling, les papes du cyberpunk, publient le roman steampunk *The Difference Engine* (*Le Moteur à différences*) chez Victor Gollancz, avec beaucoup d'Ada dedans, bien sûr. En 1997, Lynn Hershman Leeson réalise le film *Conceiving Ada* – Tilda Swinton tient le rôle-titre. Depuis 1998, la British Computer Society attribue chaque année une Lovelace Medal, enfin les hommages sont innombrables. Il y a même un Ada College, une école d'informatique, à Tottenham Hall, près de Londres ; un bâtiment Ada à l'université de Saragosse ; un supercalculateur nommé Ada au CNRS ; liste non exhaustive. Depuis 2009, on célèbre chaque second mardi du mois d'octobre le Ada Lovelace Day. Et sur les hologrammes d'authentification des Windows 95 de Microsoft, vous pouvez retrouver son portrait – celui de Chalon, poupin et fleuri, qu'elle détestait.

---

1. *Software Engineering with Ada*, Grady Booch, Doug Bryan, 3e ed., Ed. Addison Wesley, p. 13.

2. *Neuromancer*, William Gibson, Ace Books, 1984.

Quant au langage Ada, il est toujours utilisé par l'armée américaine, ainsi que dans les systèmes embarqués dans l'automobile, les transports ferroviaires, l'aéronautique et le spatial.

Forcément, dans la foulée, les biographes commencent à s'intéresser à cette femme dont on ne sait rien, sinon le père et le prénom. Ces auteur-es sont tout d'abord, époque oblige, parfaitement sceptiques en ce qui concerne l'apport scientifique d'Ada.

En 1970, Bruce Collier soutient dans une thèse qu'Ada a « considérablement contribué à faire connaître le moteur analytique[1] », mais que c'est bien tout. En 1977, Doris Langley Moore sort *Ada, Countess of Lovelace* (Ed. John Murray). Moore étant une Byron scholar, c'est-à-dire une lordbyronolâtre, cette biographie reste encore dans une perspective purement lordbyronesque. En 1982, dans la revue *Annals of the History of Computing*, Allan G. Bromley note que « plusieurs douzaines d'exemples de programmes ont été préparés par Babbage entre 1837 et 1840, tous datant d'avant les notes de Lovelace[2] ». Ce qui est, ma foi, exact, sauf que ces proto-programmes ne contiennent pas les innovations en termes de sous-programmes et de boucles mises au point par Ada. Wolfram les qualifie de « plus prosaïques[3] ».

1. *The Little Engines That Could've: The Calculating Machines of Charles Babbage*, Bruce Collier, thèse de doctorat, université de Harvard, 1970.

2. « Charles Babbage's Analytical Engine », Allan G. Bromley, *IEEE Annals of the History of Computing*, 1982, p. 197–217.

3. Stephen Wolfram, *op. cit.*

En 1985, enfin ! Dorothy Stein publie *Ada : a Life and Legacy* aux presses du MIT. C'est la première biographie entièrement dédiée à Ada, à son travail scientifique, et ce livre lui doit tout. Certes, Stein présente Ada comme une demi-folle sous-douée en mathématiques et affligée d'une mère épouvantable, mais elle reconnaît que c'est bien elle qui a écrit, et toute seule, ses « Notes », notamment la fameuse « Note G » : le premier programme au monde. En 1998, Betty Alexandra Toole sort *Ada, the Enchantress of Numbers : Prophet of the Computer Age*, chez Strawberry Press. L'ouvrage est composé d'un grand nombre d'extraits de lettres d'Ada (auxquelles il manque, hélas, les réponses) : ça y est, Ada a retrouvé la parole. En 2001, Doron Swade publie *The Difference Engine : Charles Babbage and the Quest to Build the First Computer* chez Penguin. C'est lui qui exprimera le premier ce sur quoi tout le monde finira par tomber d'accord : Babbage a créé le moteur analytique, mais c'est Ada qui « fut la seule personne à voir le potentiel du moteur analytique, en tant que machine capable de manier des entités autres que numériques[1] ».

Viennent alors les années 2010, et la quatrième vague du féminisme portée par les réseaux sociaux. Les biographies (incluant celle que vous êtes en train d'achever) commencent à se bousculer. Elles sont

1. « Charles Babbage and Difference Engine No. 2 » (Speech), Doron Swade, *Talks at Google,* Mountain View, Californie, 12 mai 2008.

aussi beaucoup plus enthousiastes envers les qualités scientifiques d'Ada. En 2013, James Essinger publie chez Gibson Square *Ada's Algorithm : How Lord Byron's Daughter Ada Lovelace Launched the Digital Age,* faisant d'Ada la mère de l'ère numérique. En 2015, Stephen Wolfram (le mathématicien qui a mis au point le logiciel de calcul *Mathematica*) publie en ligne une hagiographie d'Ada : *Untangling the Tale of Ada Lovelace*[1]. Ayant plongé, comme Stein, dans le courrier d'Ada, il en sort avec une vision scientifiquement similaire, mais humainement opposée : pour lui, Ada « a pris les plans détaillés de Babbage et les a rendus plus abstraits et plus métaphysiques – et, dans ce processus, elle nous a donné un premier aperçu de l'idée d'ordinateur[2] ». Il lui attribue une place prophétique : « Babbage ne savait pas quel trésor il avait entre les mains. Ada l'a entr'aperçu et a su le décrire[3]. » D'après lui, Ada n'est pas du tout une évaporée, ni une névrosée : c'est quelqu'un qui « parlait clairement, pensait clairement[4] ». Il va même jusqu'à écrire qu'en mathématiques elle en savait autant que Babbage, ce qui est probablement exagéré. Et il affirme avec délice qu'elle était une vraie *nerd*, avec tout l'humour biscornu inhérent aux informaticien-nes. En 2016, il publie *Idea Makers : Personal Perspectives on the Lives & Ideas of Some Notable People* (Ed. Wolfram

1. Stephen Wolfram, *op. cit.*
2. *Ibid.*
3. *Ibid.*
4. *Ibid.*

Media), dans lequel il défend les contributions d'Ada à l'informatique. Il explique que, certes, Babbage a écrit des programmes bien avant Ada, mais « rien d'aussi sophistiqué – ou de si propre – que le programme d'Ada sur les nombres de Bernoulli[1] ».

Depuis, chaque année voit la parution d'un ou plusieurs ouvrages consacrés à Ada : *Enchantress of Numbers : A Novel of Ada Lovelace*, de Jennifer Chiaverini aux éditions Dutton en 2017 ; en 2018, *Ada Lovelace, the Making of a Computer Scientist*, de Christopher Hollings, Ursula Martin et Adrian Rice à la Bodleian Library, et enfin, en 2019, l'e-book *Ada Lovelace : the Countess who Dreamed in Numbers* de Shanee Edwards (Conrad Press). Tous ces derniers livres soulignent le rôle pionnier d'Ada : elle a été la première programmeuse des temps modernes et aussi la première personne au monde à avoir rêvé la puissance de l'informatique – avec cent ans d'avance.

Wolfram, dans sa biographie d'Ada, a cru discerner une émouvante vérité psychologique : « Sa plus grande force a été de créer un pont entre la science et la métaphysique – ce qu'elle appelait la "science poétique"[2]. » En 1812, Annabella Milbanke nageait avec délice dans les sciences. Au même moment, le poète Lord Byron défendait les luddites qui détruisaient les

1. *Idea Makers : Personal Perspectives on the Lives & Ideas of Some Notable People*, Stephen Wolfram, Ed. Wolfram Media, 2016.

2. Stephen Wolfram, *op. cit.*

métiers à tisser mécaniques. Science contre poésie, c'est tout le drame de ce couple qui n'a jamais réussi à s'entendre, à unir ses contraires. Trente ans plus tard, Ada s'est tendrement penchée sur ces rouages épars. Dans un éclair de génie, elle a imaginé une machine qui serait capable de créer, en partenariat avec le cerveau humain, des musiques et des langages jusque-là inconnus. En fusionnant science et poésie dans une même vision, Ada a bâti entre son père et sa mère un pont qui n'avait jamais pu exister. Ce faisant, et sans jamais le savoir, seule dans son bureau glacial avec sa plume d'oie et sa bougie, tenant la porte close sur les criailleries de sa mère, son mari, ses enfants et sa propre santé, elle a inventé l'informatique et « donné sa forme à notre futur[1] ».

Avec l'ambition, qu'avais-je à voir ?
Peu avec l'amour, encore moins avec la gloire ;
Pourtant ils sont venus à moi et m'ont
Fait tout ce qu'ils pouvaient me faire – un nom.

George Gordon Byron, *Stances à Augusta,*
Ed. John Murray, Londres, 1816.

1. *Enchantress of Numbers,* Jennifer Chiaverini, Ed. Dutton, 2017, p. 1.

APPENDICE
L'extinction de la constellation Byron

Ada, snob comme tous les gens du *monde*, a toujours été fière de sa lignée et, par-dessus tout, de son célèbre père. Mais que sont devenus celles et ceux que nous avons croisé-es au début de ce livre, gravitant dans l'ombre immense du poète ? Pour les lectrices et les lecteurs que leur sort intéresse, les voici par ordre d'apparition.

May Gray

En remontant les générations, on retourne à la source du mal qu'ont enduré toutes les personnes que nous venons de voir vivre et mourir : May Gray. Nul doute que Lord Byron eût été plus équilibré et, partant, plus équilibrant, peut-être meilleur mari, plus sûrement meilleur père, si cette sorcière ne l'avait pas et battu, et violé dans son enfance. Pourtant, le dévoué Hanson a mis Catherine Gordon au courant dès 1799 – en vain[1].

Thomas Moore, qui fait partie du quarteron d'imbéciles qui a jeté au feu les vrais mémoires de Byron, en rédige d'autres plus à son goût. En 1830, il publie *Lettres et mémoires de Lord Byron*. On y apprend que, sitôt son souffre-douleur entré à Harrow, May Gray quitte le service de Catherine Gordon. Elle « se marie convenablement[2] ». En 1827, elle tombe malade. Son médecin recueille « avec avidité de la bouche de sa malade toutes les particularités qu'elle pouvait se rappeler des premiers jours de sa seigneurie[3] » et les confie à Moore. Moore soupçonne-t-il, à cette occasion, quelque chose du comportement criminel de May Gray ? Même dans cette hypothèse, le *monde* compte sur Moore pour ne rien dire de faits si *outrés*, et le *monde* a raison. Le passage de *Lettres et mémoires* concernant May Gray, glaçage épais sur un gâteau immonde, est une vignette de brave servante pouponnant son maître chéri : « Comme témoignage de sa reconnaissance pour les soins qu'elle avait pris de lui, Byron, en se séparant d'elle, lui fit présent de sa montre, la première qu'il eût jamais eue en sa possession. La fidèle gouvernante garda précieusement ce don toute sa vie[4] », etc. May Gray meurt paisiblement dans son lit peu après.

---

1. « *She has even – traduce yourself* », in *The Works of Lord Byron, Letters and Journals,* sous la dir. de Rowland E. Prothero, Ed. Murray, 1899, vol. I, p. 17. C'est-à-dire : « Elle a même… Traduisez vous-même. » Évidemment, Hanson aurait pu être plus clair.

2. *Lettres et mémoires de Lord Byron,* Thomas Moore, trad. Louise S.W. Belloc, Ed. A. Mesnier, 1830.

3. *Ibid.*

4. *Ibid.*

Mary Duff

À neuf ans, Byron enfant tombe très amoureux de Mary Duff, une petite fille de son âge. Rien d'étonnant à cela : d'après James Imlach, un camarade, elle est ensorcelante. Elle épouse à seize ans Robert Cockburn, un gentleman d'Édimbourg qui est aussi marchand de vin à ses heures perdues – et qui a une face longue comme un pain de sucre. En l'apprenant, Byron fait carrément un malaise. Madame et monsieur Cockburn ont six enfants, dont un fils prénommé Garden, ce qui est bien joli. Rencontrant Mary Duff Cockburn au mitan de sa vie, un témoin la décrit comme « une lady écossaise à l'ancienne[1] ». Encore très belle, elle fait preuve d'« un mélange de fierté sévère et d'extrême gentillesse[2] ». Elle parade avec deux grands fils « fermement résolus à être *gentlemen first*, commerçants en second[3] », et atteint tranquillement ses soixante-dix ans.

Mary Chaworth

Brunette du même modèle que Mary Duff, mais plus âgée de trois ans, Mary Chaworth est le grand amour d'adolescence de Byron. Il a quinze ans, elle en a dix-huit et attend avec impatience de se marier avec un certain John Musters. Autant dire qu'elle se fiche éperdument de ce « petit lord timide et boiteux[4] ». En apprenant l'opinion

1. *Praeterita*, John Ruskin, in *The Works of John Ruskin*, dir. E.T. Cook et Alexander Wedderburn, Ed. George Allen, 1912, vol. XXXV, p. 102-103.
2. *Ibid.*
3. *Ibid.*
4. *Obituary, The Gentleman's Magazine*, février 1832.

qu'elle a de lui, Byron fait un autre malaise. Hélas pour Mary, son mari s'avère du modèle courant de l'époque, « viril même si peu subtil[1] ». Il lui fait sept enfants, la trompe abondamment « avec des maîtresses vulgaires[2] », passe le reste du temps à la chasse et la rend très malheureuse. En 1814, elle essaye de renouer avec le désormais grand et célèbre lord boiteux. Elle lui écrit tous les jours et se prend un vent épique. Où qu'elle aille pour le rejoindre, Byron la fuit à vue : « plus intéressé[3] ». Mary Chaworth, en pleine dépression – on dit qu'elle sombre dans la folie –, retourne chez son époux. Après la mort de Byron, elle lit la biographie de Moore et y découvre tous les poèmes écrits pour elle. Un an plus tard, en 1831, une révolte populaire flanque le feu à sa maison. Elle doit se réfugier dans le *shruberry* – le jardinet arbustif. Elle passe la nuit sous la pluie. Sa santé, qui n'était déjà pas fameuse, s'effondre avant le printemps.

Eddleston

John Eddleston[4] est un enfant de chœur de quinze ans quand Byron en a dix-sept. « Sa voix a attiré mon attention, son visage l'a fixée, et sa manière d'être m'a attaché à lui pour toujours[5]. » Ils sont inséparables pen-

1. *Byron: Life and Legend*, Fiona MacCarthy, Ed. John Murray, 2002.
2. *Ibid.*
3. *Byron and the Honourable Augusta Leigh,* John S. Chapman, Yale University Press, 1975.
4. Edleston ? Eddleston ? Je n'ai pas réussi à savoir.
5. Lettre du 15 juillet 1807, in *Letters and Journals*, Lord Byron, vol. II, Ed. Rowland E. Prothero, 1898-1901.

dant deux ans, jusqu'au jour où Eddleston doit quitter le collège pour retourner à Londres. Le cœur brisé, mais la plume alerte, Byron lui dédie certains de ses premiers vers. D'après Hobhouse, le départ de Byron pour son voyage en Orient aurait aussi quelque chose à voir avec Eddleston : « Les histoires se répandent – Eddleston accusé d'indécence[1]. » À son retour, Byron ne retrouve pas Eddleston : l'enfant de chœur est mort de la tuberculose à vingt et un ans.

LADY CAROLINE LAMB

Troisième brunette, celle-là complètement évaporée, *Caro* aime à se déguiser en page. En 1812, elle est la première *affair* que la célébrité offre à Byron ; sa première maîtresse du *monde*. Mauvaise affaire : la lady est bruyante, voire collante. Le goût que Byron a pour elle passe « aussi vite qu'un rhume[2] ». Elle en fait littéralement une maladie. Remise, elle crache sur son ancien amant tout le venin de la déception et aide serviablement sa cousine Annabella Senior à jeter Byron hors d'Angleterre. Le *monde* ne pardonnera pas à Caro tant d'*unladylikeness*. Exilée à la campagne par sa famille, elle y meurt prématurément en 1828, remplie d'alcool et de laudanum, comme Ada. Son mari, William Lamb, devient le Premier ministre des années 1830 – nous l'avons croisé à plusieurs reprises au cours de la vie d'Ada. Pur produit régence, la réputation de William Lamb souffre non de ses « soirées fessée avec

1. Lettre du 6 juin 1810, in *Recollections of a Long Life*, John Cab Hobhouse, Ed. John Murray.
2. *Letters and Journals*, Lord Byron, vol. II, *op. cit.*

des ladies[1] », considérées comme « inoffensives[2] », mais plutôt du « fouet administré à des orphelines placées chez lui par charité[3] ». Ce triste sire disparaît en 1848, dans son très vilain château de Brocket Hall.

LADY OXFORD

Lady Oxford a un nombre d'amants plus considérable encore que celui de ses enfants, et elle ne s'en cache guère. Du point de vue du *monde*, elle se situe *beyond the pale* (largement au-delà des bornes admises). Personne ne la reçoit, mais elle s'en fiche. Dans son château d'Eywood cerné par les bois, elle lit en latin et en grec, fait de la musique et l'amour, avec la ferme intention de ne jamais se laisser asservir par l'amour. « Elle vénérait l'amour physique et traitait l'amour sentimental en maladie dont les symptômes et la durée sont connus[4]. » Elle ne voit, dans un cœur brisé, que « le signe d'une mauvaise digestion[5] ». Byron, réchappant tout juste des griffes de *Caro*, trouve cette philosophie charmante, puis, à mesure qu'il tombe amoureux, un peu pesante. Se sentant devenir *carolinesque,* il rompt. Elle meurt la même année que lui, à cinquante ans.

1. *A Mad, Bad, and Dangerous People? England 1783–1846*, Boyd Hilton, Oxford University Press, 2006, p. 500.
2. *Ibid.*, p. 500.
3. *Ibid.*, p. 500.
4. André Maurois, *op. cit.*, p. 154.
5. André Maurois, *op. cit.*, p. 154.

Après le départ de Byron pour le continent, la suite de l'existence d'Augusta, sa demi-sœur et tante d'Ada, ne sera que « pauvreté et détresse[1] ». Dès 1816, nous l'avons vu, Augusta est poursuivie par Annabella Senior qui cherche à lui faire avouer sa relation incestueuse afin de s'assurer de la garde d'Ada. Ce n'est pas très utile puisque, en 1817, Byron publie *Manfred,* l'histoire d'un beau héros amoureux fou de sa sœur Astarte. « Tu m'as trop aimé, comme je t'ai aimée : nous n'étions pas faits pour nous torturer ainsi l'un l'autre, bien que ç'ait été le plus mortel des péchés de nous aimer comme nous nous sommes aimés[2]. » C'est un aveu, et il est public. Lequel public fait d'ailleurs savoir qu'il était déjà au courant, merci. Le 23 juin, le *Day and New Times* écrit : « Manfred s'est exilé lui-même de la société, et quel argument met-il en avant pour que nous compatissions à son exil ? Qu'il a commis l'un des crimes les plus révoltants. L'inceste ! Lord Byron a donné à *Manfred* ses propres traits. »

Même sans tenir compte des persécutions d'Annabella Senior, et de l'inconfort de passer pour une salope aux yeux du *monde* et même de tout le monde, la vie d'Augusta n'est pas aisée. Elle a fait sept enfants à un panier percé. Ses enfants sont tout le temps malades, et son époux, le colonel Leigh, est tout le temps absent. De surcroît, où qu'il aille, il fait preuve d'un caractère babbagien – à ce détail près que, contrairement à Babbage, il est malhonnête, paresseux, joueur et niais. Pourtant, quand

1. *Augusta Leigh: Byron's Half-Sister*, Michael et Melissa Bakewell, Ed. Chatto and Windus, 2000, p. 108.
2. *Manfred*, Lord Byron, Murray, 1817.

Augusta l'a épousé, il portait beau : « *protégé*[1] » du prince de Galles, il était pourvu de charges lucratives. Assez vite, il se débrouille pour tout perdre : l'argent qu'il perçoit, celui qu'il vole, ses charges et la faveur du prince. Heureusement, Augusta fait bouillir la marmite grâce à l'appartement et à la pension que lui vaut son poste à la cour : *Maid of the Bedchamber*. Vexé, le colonel Leigh sombre dans la dépression. Augusta passe le restant de sa vie conjugale avec un bonnet de nuit.

En 1824, la mort de son frère, qui lui a légué tous ses biens, devrait régler le plus gros des embarras financiers d'Augusta. Hélas, il n'y aura guère de reste une fois payées les dettes passées, présentes et à venir de son mari puis de ses fils, qui suivent la pente paternelle. De plus, par contrat de mariage, Annabella Senior est usufruitière d'une large part de l'héritage Byron. Et Annabella Senior, outre qu'elle n'est pas prêteuse, a une santé de fer. De fait, elle enterrera tous les Leigh de sa génération et quelques-uns de la génération suivante, tout en regardant avec jubilation les survivants s'enfoncer dans la misère. Il s'agit d'une misère assez relative, cependant : à la fin de sa vie, Augusta dispose toujours de ses appartements à St James's Palace, de cinq serviteurs et d'une garde-robe en soie, mousseline et « rubans de satin blanc[2] ». Il y a des fins de mois plus difficiles.

En attendant d'être vieille, Augusta doit gérer ses enfants. Et ce ne sont même pas ses fils qui lui causent le plus de soucis. Elle marie avec un enthousiasme délirant sa première-née, la jolie Georgiana, à un Henry Trevanion, et la dote grâce à un emprunt tout aussi délirant.

1. Michael et Melissa Bakewell, *op. cit.*, p. 71.
2. *Ibid.*, p. 350.

Les mauvaises langues disent qu'elle est folle amoureuse de son beau-fils et même qu'elle couche avec. Rien n'est certain, le ragot venant de Henry Trevanion lui-même – source peu fiable – et aussi, un peu, de l'attitude d'Augusta. Celle-ci clame sans précaution son admiration pour ce jeune homme « tellement supérieur au troupeau[1] ». Ce qui est certain, c'est que Trevanion viole sa belle-sœur, la très jeune (quatorze ans) sœur de Georgiana : Medora, celle qu'on considère généralement comme étant la fille de Byron, et donc la demi-sœur d'Ada. Nous l'avons vu : il l'engrosse, il l'enlève, scandale.

Dégoûtée, Augusta se contente désormais de gérer pieusement la mémoire de son frère, ou plutôt *les* mémoires : ceux qu'écrivent tous ceux qui ont bien connu Byron, mais aussi ceux qui l'ont simplement croisé et même des effrontés qui ne l'ont jamais rencontré. Car Byron est passé du statut d'homme le plus honni d'Angleterre à celui de héros national, et de poète mondial. Il y a de l'argent à faire avec ses cendres, les rotatives des imprimeurs tournent à plein. Augusta les surveille de près. Quant à ses mémoires à elle, Augusta ne les écrira jamais, par respect fraternel. Quant à ses mémoires à lui, Byron, elle les a fait brûler. Ou, plutôt, elle n'a pas eu la force de s'opposer à Hobhouse. Lui et quelques autres familiers de Byron, se sachant dépeints dans les mémoires du défunt sous un jour peu mondain, n'ont eu de cesse qu'ils n'aient cramé le manuscrit. Augusta décrit elle-même, assez drôlement, la scène tragique au terme de laquelle Hobhouse lui arrache son consentement : « Hobhouse a été pris d'une crise de violence et je n'ai pas compris un mot de ce qu'il m'a dit, sauf que je devais être une grande imbécile de ne pas saisir instantané-

1. *Ibid.*, p. 304.

ment ce qu'il voulait dire – donc j'ai prétendu que j'avais compris[1]. » Et c'est ainsi que les mémoires manuscrits de Byron sont jetés dans les flammes, le 17 mai 1824, par son meilleur ami.

Annabella Senior coupe les ponts avec Augusta à la fin des années 1820 pour une histoire de gros sous – et aussi parce que Byron ne risque plus, du fond de sa tombe, de réclamer Ada. Par conséquent, Ada n'aura absolument jamais accès à sa tante. Annabella Senior reprend contact avec Augusta en 1851, pour une ultime entrevue, avec le révérend Robertson dans le rôle de facilitateur. Augusta accepte. Par le plus étrange des miracles, elle persiste à aimer Annabella Senior comme une sœur. Elle prend en tremblant le train, cette étrange nouveauté, pour se rendre à Reigate, au sud de Londres. C'est là, dans un hôtel, qu'elle a rendez-vous avec Annabella Senior. À travers cet entretien, Annabella Senior espère assouvir son fantasme préféré : faire avouer à Augusta que, si Byron l'a tant détestée, elle, sa femme, c'est parce qu'Augusta l'y a poussé. Augusta ne comprend rien à ce révisionnisme obsessionnel. Avec son imperturbable douceur, elle continue à nier. « Intentionnellement, je ne vous ai jamais blessée[2] » reste son leitmotiv. Ce qui est, à tout prendre, moins méchant que : « Bon sang, Byron est mort depuis vingt-sept ans, vous êtes cinglée ou bien ? » Mais c'est tout aussi cruel. Comme l'analysent les Bakewell, « tout le monde s'est réconcilié avec Byron à part elle, la princesse glacée des parallélogrammes, celle qui l'a condamné à l'exil[3] ». Tout le monde n'a pas été maltraité par Byron, non plus. Jusqu'au bout, Annabella Senior aura cherché à la fois une explication à l'échec de son mariage,

1. *Ibid.*, p. 283.
2. *Ibid.*, p. 211.
3. *Ibid.*, p. 374.

une reconnaissance de ses souffrances et une justification face à la postérité. Jusqu'au bout, elle aura échoué.

Fatiguée, Augusta rentre chez elle, au Palais. Elle y meurt bientôt en tenant la main de sa fille Emily, la seule consolation qui subsiste de toute la tribu qu'elle a portée à bout de bras pendant plus de quarante ans. Elle ne réussit à léguer à Emily que des oiseaux, et un chien. Elle lui aurait bien donné, en plus, sa vaisselle. Hélas, en éternelle malavisée, elle a égaré son propre testament.

Après d'interminables procédures, le legs Byron échoit à la fille de Georgiana, Ada Trevanion. À la fin des années 1870, elle touche plus de 110 000 livres sterling. Il est mélancolique de songer que, si Annabella Senior lui avait prêté ne serait-ce qu'un dixième de cette somme, la vie raboteuse d'Augusta aurait été un lit de roses, mais réaliste de conclure que le colonel Leigh aurait tout croqué, en une semaine, sur le champ de courses de Newmarket.

Medora et les siens

Medora, probable grande sœur d'Ada, est violée à quatorze ans par son beau-frère Henry Trevanion. Elle passe sa courte vie à fuir entre la France et l'Angleterre, boire comme un tas de sable (« elle boit bien la bouteille[1] », en français dans le texte), dire des horreurs à sa mère et au sujet de sa mère Augusta (qu'elle décrit comme « *hyena like*[2] » à une Annabella Senior jubilante) et taper toute sa famille, dont Annabella Senior. Celle-ci, que la joie de contrarier Augusta rend généreuse, s'en mordra le

1. *Ibid.*, p. 352.
2. « Ressemblant à une hyène », *ibid.*, p. 350.

porte-monnaie. « Bientôt ses scènes de fureur [celles que Medora fait à Annabella Senior] rappelèrent les jours de Halnaby[1] », la maison glaciale qui a abrité, début 1815, la lune de mélasse. Fatiguée de cet affreux caractère, Annabella Senior coupe les ponts et les vivres. Medora fait divers enfants à des hommes variés avant de mourir de la variole à trente-cinq ans, en Aveyron, dans le très joli village de Versols-et-Lapeyre.

Le talent poétique de Byron, lui, échoit à Marie, la fille de Medora. Cette paisible religieuse écrit dans son journal : « Ma vie est comme la feuille d'automne qui tremble au pâle rayon de la lune. Fragile est son attache, brève est sa durée inquiète[2]. » Quant au fils cadet de Medora, Elie, « coléreux, fantasque et violent[3] » comme tous les autres, il meurt à cinquante-trois ans, « veuf et misérable[4] », à Sète. Il est jeté dans la fosse commune du cimetière des Ramassis. *Sic transit.*

Claire Clairmont

Ce qui frappe tout d'abord chez Claire Clairmont, mère d'une autre demi-sœur d'Ada, c'est combien son portrait ressemble à celui de Catherine Gordon de Gight, la mère de Byron. Ce n'est pas de bon augure. Elle fait partie des innombrables fans londoniennes qui se jettent dans le lit du poète. Elle est aussi la belle-sœur de Mary Shelley. Et comme

1. André Maurois, *op. cit.*, p. 254.
2. *Medora Leigh: A History & Autobiography,* Charles Mackay & Elisabeth Medora Leigh, Ed. Richard Bentley, 1870.
3. *Les Enfants de Medora,* Cercle généalogique de l'Aveyron, Suzanne Barthe, 2011.
4. *Ibid.*

les Shelley s'installent bientôt en Suisse, près de Byron, Claire peut continuer avec lui une liaison assez décevante. Byron se plaint : « Que pouvais-je faire ? – une fille insensée – en dépit de tout ce que j'ai pu faire ou dire – a couru après moi – ou plutôt au-devant de moi –, je l'ai trouvée ici [à Genève]... Je ne peux pas jouer le stoïque avec une femme – qui a parcouru 800 miles pour me déphilosopher[1]. » Ce qui devait arriver arrive : « Je ne l'ai jamais aimée ni n'ai prétendu l'aimer – mais un homme est un homme – et si une fille de dix-huit ans se pavane devant vous à n'importe quelle heure de la nuit – il n'y a qu'une seule issue – la suite de tout cela est qu'elle a un enfant – et qu'elle est retournée en Angleterre pour aider au peuplement de cette île désolée[2]. » La petite sœur d'Ada se nomme Allegra. Claire étant sans le sou, Byron prend Allegra en charge. Heureusement dotée, grâce à son bagage scolaire féminin, de la maîtrise de cinq langues et d'un peu de musique, Claire trouve à se placer comme gouvernante en Russie, puis en Allemagne. Elle est ensuite professeure de musique en Angleterre, vit à Pise, à Paris, jusqu'à ce qu'un legs de Shelley (12 000 livres) la mette à l'abri du besoin en 1844. Elle meurt à Florence à quatre-vingts ans, convaincue que sa liaison avec Byron lui a procuré « seulement quelques minutes de plaisir et une vie entière de malheur[3] ». Elle a inspiré à Henry James sa célèbre nouvelle *The Aspern Papers.* Elle y apparaît sous les traits d'une vieille

1. *Byron: Child of Passion, Fool of Fame*, Benita Eisler. Ed. Knopf, 1999, p. 519.

2. Byron, lettre à Douglas Kinnaird, 20 janvier 1817, *Byron's letters and journals*, sous la dir. de Lesley A. Marchand, Harvard University Press, 1973-82, vol. V, p. 162.

3. *The Clairmont Correspondence: Letters of Claire Clairmont, Charles Clairmont, and Fanny Imlay Godwin*, sous la dir. de Marion Kingston Stocking, Johns Hopkins University Press, 1996.

femme pathétique à laquelle un indélicat tente de voler les lettres de Shelley. « J'ai parcouru la vie seule, sans un guide et sans un compagnon [...]. Je voudrais pouvoir penser que ma mémoire ne se perdra pas dans l'oubli comme l'a fait ma vie[1]. » Raté.

Allegra

La petite sœur d'Ada, confiée à Byron par Claire Clairmont alors qu'elle a quinze mois, vit d'abord avec son père. Mais celui-ci ne montre aucun goût pour la pédagogie : « Ma bâtarde est arrivée il y a trois jours – en pleine santé – bruyante et capricieuse[2]. » Il dira plus tard : « Tant qu'elle vivait, son existence n'a jamais semblé nécessaire à mon bonheur[3]. » Il s'en débarrasse chez les uns, chez les autres et, enfin, dans un couvent catholique. Claire est ivre de rage : elle estime que le couvent n'offrira à sa fille qu'une éducation minimale et une insalubrité meurtrière. La suite prouve qu'elle a raison : Allegra meurt du paludisme ou du typhus treize mois plus tard, sans avoir revu ni son père, ni sa mère. Elle avait cinq ans. Son petit corps embaumé est enterré en Angleterre, à Harrow – sans plaque, sans nom. Son père se lamente : « Depuis que je l'ai perdue, il m'est apparu que je ne pouvais vivre sans elle[4]. » Il conclut sans trop d'embarras : « Je suppose que le temps fera son travail habituel – la mort a fait le sien[5]. »

1. *Ibid.*
2. Benita Eisler, *op. cit.*, p. 593.
3. *Ibid.*, p. 704.
4. *Lettres et mémoires de Lord Byron,* Thomas Moore, trad. Louise S.W. Belloc, Ed. A. Mesnier, 1830, p. 68.
5. *Ibid.*, p. 68.

Fille de comte, épouse de comte, voilà donc une comtesse, née avec le siècle. Byron la décrit ainsi : « jolie – une grande Coquette – extrêmement vaniteuse – excessivement affectée – assez intelligente – dénuée du moindre principe – avec une bonne dose d'imagination et de la passion[1]. » D'autres, moins amoureux, lui trouvent des cheveux d'un blond « un peu trop décidé[2] », ce qui signifie « approchant horriblement du roux[3] ». En tout cas, elle a de belles dents – une rareté –, et le reste est assez réussi : « Ses épaules étaient magnifiques, de même que les domaines adjacents ; – de beaux îlots émergeant d'un bel océan[4]. » Elle a de l'embonpoint, des lettres et du cœur. Mariée à dix-huit ans à un homme qui en a quarante de plus, elle rencontre le poète trois jours plus tard, à Venise. Ils tombent tous deux amoureux comme des sacs. « Teresa sera mon dernier attachement[5] », dit Byron. Elle en fait son *sigisbée* – une pratique admise alors, qui consiste pour une femme à se faire suivre par l'homme de son choix. Celui-ci a pour vocation de porter l'éventail de la dame, plier son châle et pourvoir à ses orgasmes. Teresa, en retour, s'occupe avec affection d'Allegra, qui l'appelle *Mamina*. Byron ne la quitte que

1. Lettre du 26 juillet 1819 à Augusta Leigh, in *Letters and Journals*, Lord Byron, vol. II, Ed. Rowland E. Prothero, 1898-1901, p. 185-186.

2. « Lord Byron et quelques-uns de ses contemporains », Leigh Hunt, *Revue britannique*, t. 15, 1827, p. 261-262.

3. *Passages in Foreign Travel,* Isaac Appleton Jewett, Ed. Little & Brown, 1838, vol. I, p. 206-207.

4. *Ibid.*

5. *The Last Attachment : The Story of Byron and Teresa Guiccioli,* Iris Origo, Ed. Murray, 1949.

pour aller mourir en Grèce. Teresa voue le reste de sa vie au culte de son ancien amant. On dit d'elle qu'elle est « passée à l'état de médaille [...] élevée au rang d'institution, visitée et célébrée par des touristes anglais[1] ». Au début des années 1830, elle va voir de plus près Newstead et Augusta. Elle se remarie avec un marquis en 1847, publie en 1868 une hagiographie de Byron qui est aussi une charge massive contre Annabella Senior[2] – à laquelle Beecher-Stowe répond en 1869 par l'article qu'on sait[3] – et meurt à Florence à soixante-treize ans.

LUKAS CHALANDRITSANOS

Une fois en Grèce, Byron se cherche un page. Le teenager Lukas Chalandritsanos lui plaît infiniment. Il l'embauche, le comble de cadeaux (à hauteur de 600 livres), lui écrit des vers enflammés – en vain. « Le beau garçon grec n'était pas amoureux de ce gros Anglais[4] » dont les dents et les cheveux ne restent en place que par courtoisie. Il tâche, avec peine, de garder leurs rapports très professionnels. Byron se lamente : « Mon cœur ne devrait plus être touché/Depuis qu'il a cessé de toucher le cœur des autres[5]. » On dit que, le poète étant mourant, le page s'en-

1. *Figaro : Album littéraire de la Revue canadienne*, t. 3, 1848, p. 40.

2. Teresa Guiccioli, *op. cit.*

3. « A True Story of Lady Byron's Life », Harriet Beecher-Stowe, *The Atlantic Monthly*, août 1869.

4. *Byron's Letters and Journals: A New Selection,* sous la dir. de Richard Lansdown, Oxford University Press, 2016.

5. *On this Day I Complete my Thirty-Sixth Year,* Lord Byron, 1824.

fuit « avec l'argent de la solde de l'armée de Byron[1] ». Bien longtemps après, les sœurs de Lukas (ou d'un autre jeune Grec ayant croisé la route de Byron, ça ne manque pas) tenteront de faire chanter Ada – en vain. Les tentatives de chantage sont légion dans la vie des gens du *monde,* et ils ont de très bons avocats.

Hobhouse

Le BFF de Byron, qui l'a d'abord suivi dans ses tribulations en Orient, se range ensuite comme un meuble. Entré en politique à l'extrême gauche, il tourne ventre mou avant d'échouer à droite. Proche de la reine Victoria et de William Lamb, invité épisodique dans le cercle social d'Ada, ministre un temps, il est fait baron *Broughton of Broughton de Gyfford* en 1851. Il part à la retraite un an plus tard, et replonge avec délice dans ses livres grecs pour les dix-sept années qui lui restent à vivre. Il repose à Kensal Green, près d'Annabella Senior, de Babbage et d'Augusta.

Scrope Davies

Ce dandy fringant, « homme d'intelligence et d'esprit[2] », grand séducteur, grand buveur et, surtout, grand

1. *Le Livre des livres perdus*, Giorgio Van Straten, trad. Marguerite Pozzoli, Actes Sud, 2016.
2. *The Rise and Fall of a Regency Dandy: The Life and Times of Scrope Berdmore Davies,* T.A.J. Burnett, Ed. Murray, 1981, p. 217.

joueur, est le BFF n° 2 de Lord Byron durant ses années anglaises. Issu d'un milieu provincial au milieu de dix frères et sœurs, il se débrouille pour accéder au *monde.* Il entretient ses amis lords grâce à ses gains aux dés, qu'il range dans un pot de chambre. En 1815, il est à la tête de près de 20 000 livres. Et là, sa chance tourne. En 1818, définitivement ruiné, il fuit sur le continent et passe la seconde moitié de sa vie à radoter à propos de la première. Un témoin raconte en 1836 : « Une chose remarquable chez Davies est que, ayant parfaitement conservé, dans sa conversation, sa collection de vieilles histoires, de plaisanteries cochonnes et de citations banales, il n'y a positivement pas ajouté la moindre nouveauté depuis qu'il a fui[1]. » C'est bien, d'avoir une jeunesse ; encore faut-il en sortir. Survivant grâce à une petite pension, perdu de boisson (« il consomme sans discrimination le contenu de chaque bouteille de vin à sa portée[2] »), Davies croise Hobhouse en 1851, à Londres. Toujours aimable, Hobhouse signale qu'il est « choqué de voir un si robuste compagnon de [sa] jeunesse réduit à ce reste de lui-même[3] ». Davies meurt dans son lit, à Paris, un an plus tard. Sa tombe est au cimetière Montmartre et sa malle, qu'il a confiée avant de partir à la Barclays de Londres, est retrouvée en 1976, remplie à ras bord de manuscrits de Byron et de poèmes de Shelley.

1. *Ibid.*, p. 204.
2. *Ibid.*, p. 204.
3. *Ibid.*, p. 215.

HANSON

Le dévoué John Hanson, après s'être occupé des affaires de Lord Byron dit « le Cruel », essaye de gérer celles de Catherine Gordon de Gight, puis de son dispendieux fils. Celui-ci restera absolument fidèle à son vieil avoué, malgré sa tendance « à la procrastination, et sa façon d'être en permanence "sorti pour déjeuner"[1] ». Il le désignera même comme exécuteur testamentaire au côté de Hobhouse, ce qui vaudra à Hanson de se colleter avec les innombrables avoués d'Annabella Senior, qui est volontiers procédurière. Les années suivantes, Hanson se retrouve mouillé dans un affreux scandale : il a subrepticement marié sa fille à un lord complètement tordu, le mari est battu, l'épouse couche avec son amant dans le lit conjugal – c'est banal – alors même que le mari est au lit – ça l'est moins –, la famille hurle à l'abus de faiblesse, enfin, un désastre. L'union est annulée en 1828, à l'issue d'un procès qui a coûté 40 000 livres, pas moins. Hanson meurt en 1841, à l'âge de soixante-dix-neuf ans, dans son logement de Grays Inn. C'est une sorte de gigantesque résidence pour avocats au cœur de Londres. Vous la trouverez en sortant de la station Chancery Lane.

LADY JERSEY

Cette parfaite *socialite,* d'une beauté ravageuse, richissime, discrète en ses amours, est une des reines du *monde*

1. *Byron and Hobby-O: Lord Byron's Relationship with John Cam Hobhouse*, Peter Cochran, Cambridge Scholars Publishing, 2010, p. 126.

londonien. Maurois la décrit comme « une de ces femmes dont le succès mondain est tel qu'il assure leur vertu par manque de loisirs. Elle donnait de la vie à toute société où elle se trouvait. Charmante avec ses cheveux noir de corbeau, son teint de crème et ses perles de corail, elle n'avait d'autre défaut qu'une volubilité devenue célèbre. Son ami Granville l'avait surnommée *Silence*, et se demandait comment elle pouvait faire pour être, à tout moment, à la fois dans sa maison et dans celle de tous les autres[1] ». Byron ajoute : « Avec *beaucoup de ridicules* [en français dans le texte], elle a nombre de grandes qualités[2]. » Et d'abord, le courage. En avril 1816, au milieu des rumeurs de divorce, d'homosexualité, de sodomie et d'inceste les plus scandaleuses, elle donne un bal en l'honneur de Byron et l'invite avec Augusta. C'est à cette occasion que le *monde* leur montre sa plus froide épaule. Elle s'éteint fort vieille, en 1867, à Berkeley Square.

Lady Melbourne

La BFF n° 3 de Byron est une madame de Merteuil britannique. Née dans les années 1750, elle a l'esprit affûté et de l'influence. Elle met au *monde* – sans trop requérir l'aide de son époux – huit enfants qui en auront plus encore, dont le fameux William Lamb. Elle est aussi la belle-mère de *Caro*, la tante d'Annabella Senior et la maîtresse du roi George IV, parmi cent autres. Elle meurt, lentement et péniblement, en 1818.

1. André Maurois, *op. cit.*, p. 135.
2. *Lady Blessington's Conversations of Lord Byron,* Ernest J. Lovell Jr., Presses de Princeton, 1969, p. 37.

Leur vie est un roman d'épouvante bien pire que *Frankenstein*. Mary Godwin, fille de la philosophe féministe Mary Wollstonecraft, est une adolescente qui ne s'embarrasse pas de préjugés. À dix-sept ans, elle rencontre Percy Shelley, un bel ange à voix de fourchette, ami de Byron. Il est athée, végétarien et, comme Mary, adepte de l'amour libre : à eux deux, ils ont cent cinquante ans d'avance sur leur temps. Ils ont aussi du génie, mais ni l'un ni l'autre ne le savent encore.

Partis vers l'Europe en compagnie de Claire Clairmont, qui est de la famille de Mary, ils retrouvent Byron près de Genève, à la villa Diodati. Mary a dix-neuf ans, nous sommes en 1816, « l'année sans été[1] ». Le groupe d'ami-es regarde mélancoliquement la pluie ruisseler à la fenêtre. Pour se désennuyer, Mary prend une bonne dose d'opium et, une fois redescendue, commence à rédiger *Frankenstein*. Un quart de siècle avant Ada, elle se penche avec curiosité sur une mécanique étrange, grosse de promesses et de menaces. Chez Mary, c'est la peur qui domine : « Je vis le pâle étudiant des arts profanes agenouillé aux côtés de la chose qu'il avait assemblée. Je vis le fantasme hideux d'un homme se lever, puis, par le travail de quelque machine puissante, montrer des signes de vie[2]. » Publié en janvier 1818, le roman est un succès massif – bien qu'on reproche à Mary, bien sûr, de s'être éloignée de la « douceur inhérente à son sexe[3] ». Max Duperray, en 1994, établit sans le savoir un paral-

1. *L'Année sans été*, Gillen d'Arcy Wood, La Découverte, 2016.

2. Préface de l'édition de 1831 de *Frankenstein or The Modern Prometheus*, Ed. Lackington, Allen & Co.

3. *British Critic*, 1818, p. 408.

lèle entre la démarche de Mary Shelley et celle d'Ada : « Il y a là cohabitation d'un discours scientifique et d'un autre, poétique, conjuguant leur prétention à repousser les frontières du savoir[1]. » Non seulement *Frankenstein* est un chef-d'œuvre, mais c'est aussi le premier livre de science-fiction.

Hélas, la belle histoire d'amour de Mary et Percy tourne au bain de sang. Leurs enfants meurent les uns après les autres, Clara I en 1815, Clara II en septembre 1818, William en juin 1819. C'est une des raisons pour lesquelles Byron refuse de laisser Allegra à Claire Clairmont, et Byron le dit à Percy sans fleurs ni gants : les bébés ne font pas long feu entre les mains de la famille Shelley. En 1822, Percy meurt à son tour, noyé dans le golfe de La Spezia. Son corps est brûlé en présence de Byron sur la plage de Viareggio. Mary, elle, retourne au pays avec un petit Percy Junior, le seul qui lui reste. Elle subsiste grâce à sa plume – c'est une biographe infatigable et très lue. Dans ce domaine, sa chance est insigne : son père puis son mari l'ont toujours poussée à lire et à écrire. Elle touche aussi une rente de cent livres que le père de Shelley verse à Percy Junior. Overbookée, elle repousse toutes les avances amoureuses, notamment celles de Prosper Mérimée. Peut-être préfère-t-elle les femmes, ou souhaite-t-elle consacrer ses loisirs à son fils. Celui-ci va à Harrow puis à Cambridge, bien sûr. Il ne montrera jamais « aucun signe des dons de ses parents[2] ». En 1844, Mary hérite enfin du grand-père Shelley et se retrouve à l'aise. Elle meurt en 1851, probablement d'une tumeur cérébrale, à Chester Square, au sud de Hyde Park. Si vous voulez lire une

1. *Mary Shelley, Frankenstein*, Max Duperray, Ed. CNED, 1994.
2. *Mary Shelley,* Muriel Spark, Ed. Cardinal, 1987, p. 127.

biographie romancée des Shelley et de Byron traqués par leurs muses, hantés par la lourde *Vénus d'Ille*[1] de Mérimée et l'ombre légère de Keats, lisez *Le Poids de son regard*[2]. Ce livre de science-fiction, au demeurant biographiquement très documenté, est écrasant de volupté, de tendresse et d'horreur.

POLIDORI

John Polidori est un beau jeune homme italien qui a étudié la médecine en Écosse. C'est en qualité de médecin qu'il suit Byron dans son périple européen. Il est présent à la villa Diodati lors de l'été pourri de 1816. Brodant sur un canevas établi par Byron, il écrit *The Vampyre*[3], un affreux petit texte qui inspirera le *Dracula* de Bram Stoker – entre quelques autres. En 1821, ruiné au jeu, il avale du cyanure. Il avait vingt-cinq ans et, pas plus qu'Ada, la moindre conscience d'avoir été un précurseur de notre modernité.

1. « La Vénus d'Ille », *Revue des Deux Mondes*, mai 1837.
2. *The Stress of her Regard,* Tim Powers, Ed. Ace Books, 1989.
3. *The Vampyre, a Tale,* John Polidori, Ed. Sherwood, 1819.

Mes remerciements vont à Sandrine Palussière pour tout, à Alexandrine Duhin et Agathe Mathéus pour le reste, et à Edmond Rostand.

Table

DE LA MÊME AUTEURE :

L'Histoire de France pour ceux qui n'aiment pas ça, Mille et une nuits, 2012 ; Le Livre de Poche, 2013.

Guide des métiers pour les petites filles qui ne veulent pas finir princesses, Fayard, 2014 ; Le Livre de Poche, 2015.

La Vie sexuelle de Lorenzaccio, Mille et une nuits, 2014.

PAPIER À BASE DE FIBRES CERTIFIÉES

Le Livre de Poche s'engage pour l'environnement en réduisant l'empreinte carbone de ses livres. Celle de cet exemplaire est de :
300 g éq. CO_2
Rendez-vous sur www.livredepoche-durable.fr

Composition réalisée par NORD COMPO

Achevé d'imprimer en juillet 2021 en Espagne par
Liberdúplex - 08791 St Llorenç d'Hortons
Dépôt légal 1re publication : février 2021
Édition 03 - juillet 2021
LIBRAIRIE GÉNÉRALE FRANÇAISE
21, rue du Montparnasse – 75298 Paris Cedex 06

33/9133/4